古代神道と天皇家の謎

関裕二
古代史の謎
コレクション
2

関　裕二

poplar

はじめに

〝神道《しんとう》〟とは、目的地になかなか辿《たど》り着けない迷路に似ている。

〝神〟という目的地に着くために、その〝道〟を探そうとあせればあせるほど、行き止まりにぶつかってしまう、複雑な迷路をいくつももって存在する不思議な宗教である。

〝神〟を祀《まつ》る神道が、なぜこのように〝神〟を隠さねばならないのであろう。

たとえば神道には〝言挙《ことあ》げせず〟という不文律があって、神道に秘められた真理は人々に告げてはならないと、厳しく戒められている。よく考えてみると、これほど奇妙な話はあるまい。

古今東西、数えきれないほどの宗教がこの地球上に現われたが、はたして、その宗旨《しゅうし》を人に話してはならないなどという宗教が、どれほどあったであろうか。

しかもそのような宗教が、この日本という国のなかで二千年近く、あるいはそれ以上の時空を超えて、守り続けられているのだ。その正体を知らされぬにもかかわらず、なおも畏敬《いけい》の念をもたれ守られてきたことに、驚異すら覚えるのである。

実際のところ、〝言挙げせず〟というのが神道の極意である以上、神職たちでさえ、どこまで神道の本質を摑《つか》み、理解することができるのであろうか。さらにそれを、どのように人々に伝授させていったのであろうか。まったく不可思議な宗教である。

そのうえ、この隠された神に対し、我々の先祖はいったい何を祀り、何に向かって祈ってきたのであろうか。

私は、この神道のもつ〝迷路〟に深く分け入るうちに、これが自然にできたものではなく、むしろ〝神〟を隠すために、意図的に創られた人工物であることに気づいたのである。

そして、この迷路を抜け出る手掛かりが、なんといっても日本最大の祭り、大嘗祭《だいじょうさい》に隠されていたのである。

大嘗祭とは、天皇の即位とともに行なわれる新嘗祭《しんじょうさい》を指すもので、新嘗祭は毎年秋に行なわれる、その年ごとの新穀を嘗《な》め、神に感謝の意を捧げる祭りのことである。

新嘗祭は天皇だけではなく、貴族や一般庶民にとっても欠かせない行事であったが、いっぽうの大嘗祭は、天皇の即位と密接にかかわっている。皇祖神《こうそしん》の霊と一体となり、これを引き継ぐ重要な儀式であった。

ところが、この儀式のなかで、どうしてもわからない謎がある。それは、天皇がどのような神を祀っているのか、誰も知らないということなのである。

皇祖神といえば、誰もが思い浮かべるのは、伊勢神宮に祀られる天照大神《あまてらすおおみかみ》ということになる。たしかにアマテラスは大嘗祭で祀られるが、中心的存在ではない。

天皇は大嘗祭のなかで、中央に設けられた寝台に向かい新穀を供進《ぐしん》し、さらに神に捧げた新穀を自らも食するという行動をとる。この、天皇から新穀をもらい受ける神こそが大嘗祭の主役であり、天皇即位を認める存在ということになろう。

しかし、すでに述べたように、この神の正体が明らかではなく、とするならば、天皇即位の証《あかし》となる大事な祭りの主祭神を、なぜ秘匿する必要があるのであろうか。

もしこれが皇祖神であるというならば、むしろ、天皇家の正統性を世間に認めさせるためにも、逆に公にすべきことであろう。それにもかかわらず、この重大事を秘中の秘とし、〝言挙げ〟していない。このことが、最大の謎と疑惑を我々に抱かせるのである。

大嘗祭で祀られる神こそ、神道の本質を知るうえで最も重要な神であり、しかも、その神をなぜ天皇家は隠し続けねばならなかったのか――ここに、神道をめぐる本質的な謎が秘められているのである。

そして、この正体不明の神の実像が我々の前に現れたとき、神道とは何か、そして日本人とは何なのか、その輪郭が少しは見えてくるはずなのである。

古代神道と天皇家の謎　目次

第2章 もうひとりのアマテラスと物部の神の謎――61

第3章 物部氏の正体とヤマト建国の真相

第4章 神道は〝呪い〟を封じる宗教だった——157

その出自に秘密があった天武・天智の敵対関係
持統が天武を裏切ったのはなぜか？
神となった持統女帝のおそるべき陰謀
神々を殺し祀りあげてきた〝つくられた神道〟
伊勢神宮の〝秘密〟は神道の〝抹殺〟？
「心の御柱」はなぜ秘中の秘なのか？
伊勢・大嘗祭の神事にかかわる謎の童女
天皇家の太陽神は女性なのになぜ男性神を祀るのか？
本物の〝天照〟はやはり出雲神だった⁉
伊勢・大嘗祭で祀られているのはニギハヤヒだった‼
いま明かされる豊受大神の謎
豊受大神から奪った羽衣によって天皇は神となる

カバー写真――――「東之宮古墳出土　勾玉」（重要文化財）
京都国立博物館所蔵
装　丁――――神長文夫＋広瀬優子
本文レイアウト――ウエル・プランニング
本文写真――――関裕二＋梅澤恵美子

第1章

神道に秘められた古代天皇家の陰謀

神道はほんとうに〝日本人の心のふるさと〟か？

近頃ではほとんど見かけなくなったが、昔は、下町のあちこちの塀の足もとに、鳥居のマークが記されていた。

もちろん、これは不埒《ふらち》なやからを撃退するためのものだが、あの印に向かって用を足すことは、日本人であれば誰しも、多少の勇気を要するのではあるまいか。

なぜだ……と問われても、明確で合理的な答えが出せるわけではない。それなのに、神道《しんとう》の熱心な信者でない者も、抵抗を感じることは不可解な現象といわざるをえない。

神道は古来、けっして布教活動というものをしなかった。それにもかかわらず、この宗教が日本人の潜在意識のなかにしっかりと根を下ろしていることは、この例をもってしても明らかであろう。神道が日本固有の宗教であり、日本人と切っても切れない民俗宗教であるといわれるゆえんである。

このことは、実際に神道にたずさわる人々が共通して語るように、神道の本質の一側面であることは間違いない。

すなわち、神道とは日本人の生活そのものであり、〝祭り〟というかたちを通して、古代より引き継がれてきた精神のいとなみだ、とするものである。

太古以来、日本人は宇宙を構成するすべてのものを神として捉《とら》えてきた。星・太陽・月・大地・山・川・草木……。生きとし生けるものすべてに魂が宿ると信じ、その恩恵に感謝し、祀ってきたのが日本人であった。この素朴な信仰が生活のなかに取り込まれ、やがて儀式化されたものが〝祭り〟であり、神道の本質だというのである。

たしかにそのとおりかもしれない。自然を支配するのではなく、共存し、つねに感謝の気持ちを忘れずに暮らすことこそ神道の真理であり、日本人の変わらぬ姿であろう。

しかし、これだけで神道のすべてを語り終えたといえるだろうか。神道とは、それほど素朴なものなのだろうか。日本人の心のふるさととして語られるような、神道。それがすべてなのだろうか。何か重大な見落としがあるのではないか……？

律令制導入とともに〝創作〟された神道

たしかに、神道は日本の民俗宗教の色彩が濃い。しかし、そのいっぽうで、何者かによって意図的に創作された可能性が残るのである。

私があえて神道に、そんな疑惑の目を向けるのは、神道成立をめぐるいくつかの謎があるからだ。

たとえば、神道の歴史を辿《たど》ってゆくと、ひとつの時代に不思議な符合のあることに気づく。それは七世紀末～八世紀初頭のことである。この時期に、神道にまつわる大きな事件がいくつも重なってくるのである。

まず筆頭にあげられるのは、教義・教典がないとされる神道にあって、その重大なよりどころとされる『古事記』『日本書紀』などの歴史書が編纂《へんさん》されている。

しかも、大嘗祭《だいじょうさい》や伊勢神宮が、やはりこの時期に整備されたというのである。

こうした事実から、まさに今日に伝わる〝神道様式〟の、明確なかたちでの成立が、八世紀初頭であったということが分かる。

この突発的な〝神道〟の完成の理由は、律令《りつりょう》制度の導入と密接な関係にあったことが分かってきている。

律令制度とは、もともと隋《ずい》や唐《とう》といった、中国の広大な版図《はんと》を支配するために編み出された法体系であった。それを七世紀から八世紀にかけて、国家の近代化を目指していた日本が導入を急いだものである。そして、七世紀後半から八世紀初頭、ようやくこの制度が日本に定着する基礎が築かれたとされている。この日本の律令制度とは、いわば天皇家を中心とする中央集権国家をつくるための法制度であり、この律令の精神にのっとるかたちで、〝国家神道〟としての枠組みが用意されたのである。

つまり、社会制度の充実とともに、神道は土着的な民俗宗教の地位を脱し、体系化・近代化された〝宗教〟として〝成立〟したものだと考えると、八世紀初頭の偶然の一致の理由を容易に説明できるようになってくる。そしてこのことは、八世紀初頭の〝神道の成立〟が純粋に宗教的な必然性から行なわれたのではなく、きわめて政治的な目的をもって体系化された可能性を秘めていることになる。

実際、この時期に成立した〝神道〟が、それ以前からあった民俗宗教としての〝神道〟を、いったいどれだけ純粋なかたちで引き継いでいるのか、定かなことは分かっておらず、さらに、この新たな〝神道〟が、この時代の政権にとってきわめて都合のよい宗教であったことが、いま明らかになってきているのである。

天照大神は持統女帝のダミー!?

神道のひとつのよりどころは、『古事記』『日本書紀』に記された神話の世界のなかにある。しかし、この神話のなかには、八世紀当時の政権の正当性を主張するための創作が随所にみられるのである。

たとえば、神道の最高の地位にある神といえば、皇祖・天照大神《あまてらすおおみかみ》という太陽神だが、この天照大神の姿は、どうやら持統《じとう》女帝のダミーであった可能性が高いのである。

このことは、持統にかかわる系図と天照大神の系図を比べてみれば一目瞭然であろう。

上山春平は、『神々の体系』（中公新書）のなかで、アマテラスと持統、オシホミミと文武《もんむ》、ニニギと聖武《しょうむ》、タカミムスヒと藤原不比等《ふじわらのふひと》の、それぞれを等式で結び、神話の構造が持統の描いた皇位継承法にそっくりであることを指摘している。

この系譜の一致はけっして偶然ではあるまい。なぜなら、こののち本書で明らかにするが、持

アマテラスと持統の系譜（『日本人の「あの世」観』より）

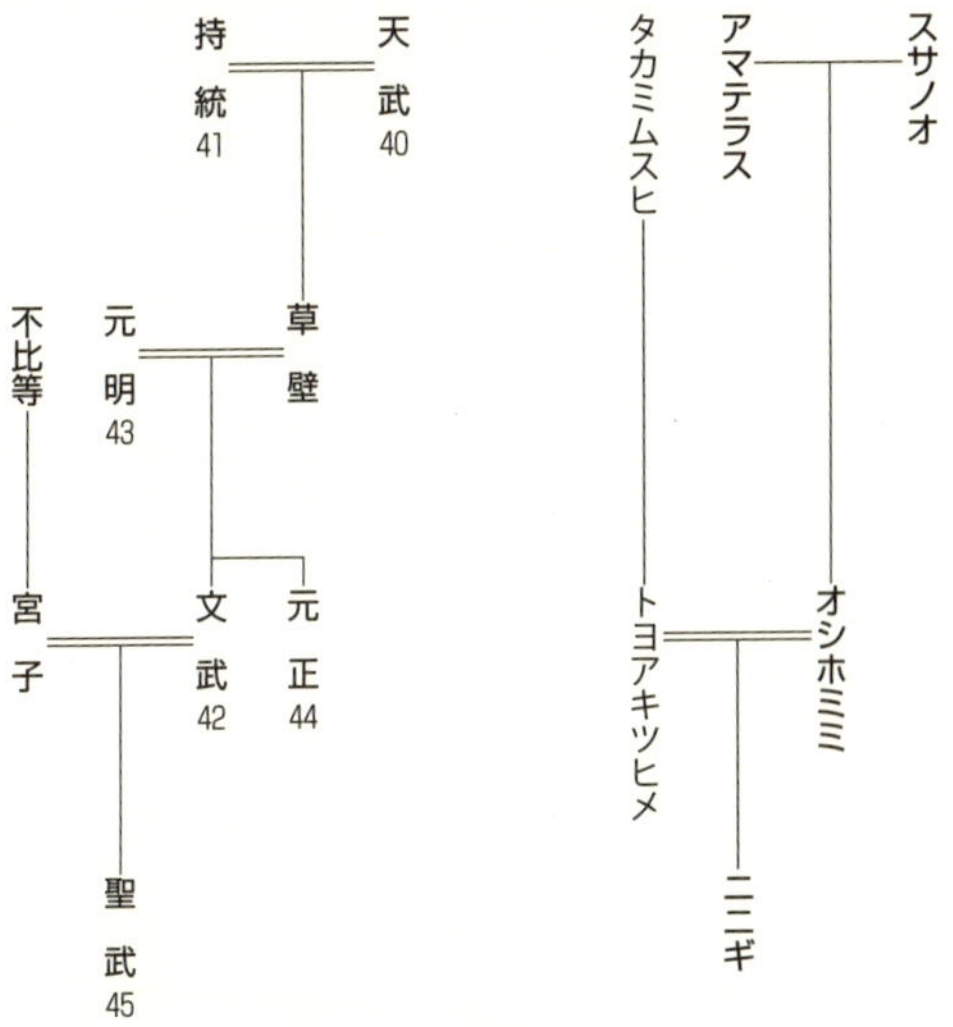

統は当時、政権の正当性を証明しなければならない抜き差しならぬ理由をもっていたからである。

　律令制度の整備と女帝・持統の暗躍、この結果派生した、女神・天照大神。

　そして、それらの神話をもとに、おそらく意図的に体系づけられた〝神道〟。

　ここには、〝神道〟がたんなる土着の民俗宗教であったという、単純な割り切り方ではとうてい片づけることのできぬ、重大な問題が秘められているはずなのである。

日本の始祖神が分からない!!

さらに、これまであまり問題視されてこなかったが、八世紀初頭に成立したとされる『日本書紀』と『古事記』には、神道を考えるうえで重大な謎が残されている。

簡単にいってしまえば、神道にとって最も重要なはずの神話が、両者の間で食い違いをみせているのである。

たとえば、日本の始祖となった天地生成の神に関する記述に、冒頭から違いが生じている。これをどう考えるべきであろうか。

『日本書紀』はこれを国常立尊《くにのとこたちのみこと》とし、かたや『古事記』は天之御中主神《あめのみなかぬしのかみ》であったと説く。さらに、これは両書よりのちに成立した史書だが、やはり神道に重要な影響を与えた物部《もののべ》氏の伝承『先代旧事本紀《せんだいくじほんぎ》』のなかでは、『日本書紀』『古事記』のどちらとも違う始祖神の名をあげているのである。

なぜ日本の始祖神は確定されないのか。これは、仏教の教祖・釈迦《しゃか》や、キリスト教の教祖・キリストが、三人ずついたというのと同じくらい奇怪なことなのである。

民俗宗教であり、しかも多神教の神道の始祖が確定できないのは仕方がない、という意見も当然のことながら出るであろう。しかし、ここでさらに指摘しておきたい奇妙な事実がある。『古事記』の序文によれば、『古事記』は持統の夫・天武天皇の発案によって編纂されたものだと記されている。いっぽう『日本書紀』も、「天武紀」のなかで朝廷の正史編纂が指示されたとあるところから、やはり天武天皇と大いにかかわりのあったことが分かる。

正史とは、王朝の正統性を述べるために記されたものだといっていいであろう。とすれば、同一人物が発案し、ほぼ同時期に成立したとされる二つの史書のなかで、最も重要な始祖神の名に、なぜ矛盾する名前が用意されたのであろうか。しかも神道が、改革されていくちょうどそのときであった。混乱を生むような行為は、まったく、理解に苦しむ。

しかも、『日本書紀』が神話に多くの異伝を用意し、神々の名や話を統一しなかったのは問題である。

八世紀初頭、律令制度を導入し、強力な中央集権国家を目指す過程で、天皇家の正統性を主張するために〝神話〟が創作され、脚色されたであろうことは容易に想像がつく。それにもかかわらず、なぜ、統一された神話を用意できなかったのだろう。

太陽神・天照大神を持統女帝と同一視することで〝持統王朝〟の正統性を述べることに成功し

た『日本書紀』が、なぜはっきりとした神話を提示できなかったのだろう。

神道の歴史

神道が八世紀の段階で大きく変貌していたことは間違いない。では、この時何が起きていたのかを知りたくなるが、ここではまず、八世紀以前の日本人の信仰がいかなるものであったのかを、確かめておきたい。

田中卓は『神社と祭祀』(国書刊行会)のなかで、次のように述べている。

「日本の神道はもともと民族の自然信仰であるから、ややもすると低俗・迷信の弊におちいりやすい。私はそれを〝原始信仰〟とよぶ。これを、より高尚な信仰にひきあげ、祭神の神徳を顕彰し、祭祀の様式をも整備しえたのは、ヤマト朝廷を中心とする国家統一の進展に負ふところが大きい。私はこの段階の信仰を〝日本神道〟と名付けたい」

さらに田中卓は、天皇家と神道の関係を次のように述べる。

「天皇は、ヤマト朝廷の成立以来、国土の統治者であるとともに、日神の後裔といふ神道的世界で生れ、その伝統のなかで育って来られたお方と申しあげてよい。いや、皇室だけではない。仏教受容以前のわが国では、すべての日本人が、例外なしに〝日本の神〟を信仰し、それ以外に宗教はなかったのだ。つまり日本固有の宗教が〝神道〟であり、時代の進展とともに、天皇は中心的司祭者であられたわけである」

このような指摘は、これまでの神道観を象徴的にいい表わしたものといえよう。

そこで、もう少しくわしく日本人の信仰の変遷を、振り返ってみよう。

縄文人の信仰形態は、万物に精霊が宿るというアニミズムであった。また縄文人たちは、盛んに土偶を作り、また破壊し、豊穣を祈願したのだった。この場合、土偶はたいがいの場合女性であり、しかも、女性であることを強調した代物であった。

なぜ女性の土偶を破壊したかというと、大地は女性であり、女性の死骸から豊穣がもたらされるという発想があったからである。これを、地母神信仰《ちぼしんしんこう》という。

このような信仰は、日本だけのものではなく、世界各地に見られるものだ。そして『日本書紀』

の神話の中にも、女神の死骸から穀物の種が生み出されるという話が載っている。豊穣の女神は、のちに山姥《やまんば》となって、お伽話に登場するようにもなったのである。

弥生時代にいたると、農耕技術や金属器がもたらされ、社会は大きく変化する。同時に、銅鐸や銅矛といった青銅器が、新たな祭器となっていく。また、北部九州の銅矛祭祀、近畿地方の銅鐸祭祀など、地域ごとに思い思いの祭祀形態が営まれていったのも、弥生時代の特徴である。

ところが、三世紀半ばから後半にかけて、ヤマトに国家の中心が誕生すると、画期的な変化が訪れる。前方後円墳《ぜんぽうこうえんふん》が誕生したのである。

前方後円墳の特徴は、日本各地の埋葬文化を融合させたこと、この埋葬様式が、あっという間に日本各地に伝播していったことにある。これは、埋葬文化の統一であり、ヤマトに生まれた新たな宗教観を共有することによって、支配と被支配の関係ではない「ゆるやかな連合国家」が誕生していたことを意味している。

したがって、「日本の神道」の端緒は、前方後円墳の完成に求められる。前方後円墳は、ヤマト朝廷によって断行された、宗教観の統一といっても過言ではない。また前方後円墳は、日本で生まれ、日本で発展した埋葬文化なのだから、神道の卵なのである。

ところが、前方後円墳体制は、六世紀に終焉を迎える。これはなぜかというと、国のあり方が変わってきたからである。

たしかに、前方後円墳の登場によって、埋葬文化は統一された。そうはいっても、ヤマトが地方を直接支配していたわけではない。それぞれの地域の王（首長）が、ヤマトとそっくりな祭祀を行ない、人々を掌握していたが、ヤマトの王家の影響力は、小さなものだった。つまり、地方の前方後円墳ごとに、小さな宇宙が存在していたと考えると分かりやすい。

だが、各地の首長層が領土を広げ、互いに争う時代を終わらせるために、また、強い国家を構築するためにも、前方後円墳体制は邪魔になり、中央集権国家の建設が急務となった。

そのために選ばれたのは、中国で生まれつつあった律令制度であった。律令とは、律＝刑法、令＝行政法であり、ようするに、明文法による国家統治である。

当然、宗教観も、律令制度に合わせて変わらざるを得なかった。こうして八世紀、神道は新たな段階を迎えたのである。

持統天皇の道教狂いの謎

このように見てくると、三世紀来〝神道〟は、朝廷の地方支配の道具として利用されたことは確かにしても、日本列島の中で独自に発達した信仰と思えてくる。

だが、ことはそう単純ではない。多くの外来の文化、宗教観が、次々にもたらされ、神道に影響を与えていたのである。

もっとも分かりやすい例が、道教であろう。たとえば神話の創作に少なからず関与したであろう持統天皇が、大陸の民俗宗教である道教に関心をもっていたことは、神道を考えるうえで、どうしても見逃すことはできない点である。

持統は神道を政治の道具として利用するいっぽうで、道教的思想を重視したようなのだ。それほど持統天皇の行動は、道教に注目しなければ説明のつかないことが多いのである。

持統天皇は生涯で、三十回以上の吉野行幸《ぎょうこう》を繰り返した。それまでほとんど見向きもされなかった吉野の地に、なぜ持統がこれほど執着したのか。この異常ともいえる行動の裏には、どうやら道教思想がからんでいるようなのである。

持統は亡き夫・天武との思い出の地である吉野に通うことで、ありし日の天武の雄姿を偲《しの》んでいたのではないかとする説もある。

実際、天武・持統夫婦は壬申《じんしん》の乱の直前、吉野に隠棲《いんせい》したのち、東国に向かい、決起し、乱を制したという経緯《いきさつ》があった。

しかし、三十数回にわたる行幸を、郷愁というひと言だけで片づけられるわけではない。『持統天皇』（人文書院）の著者・吉野裕子は、この謎に明快な答えを出している。すなわち、吉野は道教・陰陽五行にのっとった神仙境であり、聖地だったというのである。

吉野の地はヤマトから見て南方に位置し、先天易《せんてんえき》によれば、これが〝天〟を意味していたという。そして、持統がこの地に通った背景には、「天と自身の合一を期する呪術」があった、と指摘したのである。

また梅澤恵美子は、『額田王の謎』（ＰＨＰ文庫）のなかで、持統の吉野行きは秦《しん》の始皇帝が中国における神仙境・泰山《たいざん》に登仙して統一国家の王であることを宣言したことと同じ意味があったと指摘している。

いずれにせよ、吉野が道教思想にのっとった聖地であることにかわりはない。持統の、度をこした吉野行幸が、道教というキーワードによって明らかになってくるのである。

持統の行動は、一見、日本的な神道思想から逸脱しているかのように思える。しかし、これまでまったく異質な宗教と考えられてきた〝神道〟と〝道教〟の間に密接な関係があったことは間違いない。

たとえば、〝神道〟という宗教の名にしても、もともとは道教の言葉を借用したものだ。また、

〝天皇〟という称号も、もともとは道教における宇宙の最高神を意味していた。

福永光司は『道教と古代の天皇制』（徳間書店）のなかで、天皇家と道教、神道と道教の接点を、あらゆる例を引いて述べている。たとえば、近世の国学者が〝ヤマト心〟を表わしたものとして重視した『古事記』の序文に登場する〝混元〟なる言葉でさえ、やはり道教思想なくしては考えられないのである。

ただし、道教は八世紀に突然脚光を浴びたのではない。ヤマト建国以前、すでに道教的な思想は日本にもたらされていたようなのだ。

謎の女王・ヒミコの正体

道教と神道の関係を知るためには、さらに時代をさかのぼらなければならない。

ここで、邪馬台国《やまたいこく》のヒミコと、ヒミコが治めていた倭国《わ》の住民〝倭人〟について考えておきたい。

ヒミコは二世紀後半から三世紀半ばにかけて実在した倭国の女王である。このことは、『魏志《ぎし》倭人伝《わじんでん》』のなかに詳しく記されている。

その中に、邪馬台国の倭人たちの宗教観を知るうえで、貴重な証言が残されている。

「乃《すなわ》ち共に一女子を立てて王となす。名づけて卑弥呼《ひみこ》という。鬼道《きどう》に事《つか》え、能《よ》く衆《しゅう》を惑《まど》わす」

つまり、これによると、共立された女王ヒミコは、鬼道を駆使し民衆を動かす能力に長《た》けていたという。一般にこれがヒミコのシャーマン性を表現したものとされるが、問題は〝鬼道〟そのものにある。道教では、この〝鬼道〟を、土俗的で、シャーマニズムを取り込んだ亜流の道教と捉えていたとされるからだ。

すでに三世紀の段階で、日本人の信仰に、中国の思想が盛り込まれていたというのなら、神道を日本的な信仰と考えることはできなくなるのではあるまいか。

そこで改めて考え直さねばならないのは、日本人とは何か、ということである。

さて、ここで注目したいのは、稲作の民がどこからやってきたのか、ということである。

近年、多くのデータが集められて分析された結果、日本の稲作のルーツがほぼ確定されるようになった。揚子江《ようすこう》と淮河《わいが》の河口付近、江淮《こうわい》地域からいくつかの道程を経て稲作は日本に伝わったらしい。朝鮮半島南部を経由して九州北部に伝播《でんぱ》したルート、九州北部に直接伝播したルート、琉球列島を経由して九州南部に上陸した三つのルートである。

そして当然のことながら、稲作技術とともに渡来人がやってきた。

弥生時代の渡来人の人骨を調べると、二つのタイプに分かれるらしい。一つは面長、もう一つは丸顔でずんぐりしたタイプである。前者は朝鮮半島から渡来した北方系の顔であり、後者は南方系で、どうやらこちらが中国江淮地域からやってきた人々らしい。

そして、この稲作民族の祖は、意外な名で呼ばれていた。それが〝倭人〟なのである。

〝倭人〟が紀元前一〇〇〇年頃、中国大陸にいたことは、『論衡《ろんこう》』という文献からも明らかだが、ではこの倭人、どこにいたのかといえば、やはり日本の稲作の起源となった揚子江河口付近であったとされている。

『漢書《かんじょ》』には、この地域に〝越人《えつ》〟が住んでいたことが記録されているが、この〝越人〟こそ〝倭人〟を指していると考えられている。というのも、〝越〟と〝倭〟双方の古音はまったく同じ〝ヲ〟で、類音異字とされているからだ。

ちなみに、この〝倭人〟たちの建国した二つの国が、「呉越同舟《ごえつどうしゅう》」で知られる呉と越であった。

この地域には、倭人特有の文身《ぶんしん》＝入墨の風俗があったのである。

この呉にいた倭族たちが、呉と越の相克《そうこく》で圧迫され、ボートピープルとなって、朝鮮半島南部や日本に亡命したのではないかという説が有力視されている。

このような推理は、稲作文化の伝播ルートと重なることからも成り立つものだが、中国側の多くの史料のなかで、朝鮮半島南部から日本にかけて「倭人」が住んでいたとする記述からもうかがえるのである。

さらに、『魏志倭人伝』に記された邪馬台国の風俗からも、揚子江河口付近からやってきた倭人たちが邪馬台国の住民であった可能性の高いことを示している。

それによれば、邪馬台国の倭人には文身＝入墨の風習があり、さらに、よく海に潜って漁をすることが記されている。この文身とは、サメから身を護るための倭人特有の風俗であり、稲作民族でありながら海と上手に付き合ってきた邪馬台国・呉・越三者の共通点を見出すことができるのである。

また、邪馬台国の倭人の服装の貫頭衣《かんとうい》も、やはり二つの倭人共通の文化であり、ここに〝倭人〟の正体があぶり出されてくるのである。

つまり、日本人の先祖となった倭人たちは、中国大陸南部から、あるいは朝鮮半島を経由し、渡来した人々であった、といえよう。

神道のルーツは海の外にあった？

さて、ここまで日本人の祖・倭人に注目してきたのは、神道の意味を考えるうえで、神道をつくりあげてきた〝日本人〟そのものが、いったい何者であるかを知る必要があったためである。なぜなら、神道が日本固有の宗教であるとするならば、日本人の正体を知ることが先決になるからである。

それでは、この倭人たちと〝神道〟はどこかで結びつくのであろうか。

これまで日本特有の文化であると一般的に考えられてきた神道には、数々の〝非日本的〟文化が満ちあふれているのである。

たとえば〝神道〟の専売特許であるかのように考えられている鳥居や注連縄《しめなわ》でさえ、ルーツを辿《たど》ってゆくと、朝鮮半島や中国大陸南部へ行き着くとされている。

村の入口に木で門をつくり邪霊除《よ》けにする。あるいは木と木の間に注連縄を張る。これらは倭族に属する民族共通の風俗であったというのである。

また、同じく倭族たちは、神が地上を守護するために舞い降りて来るときの乗り物を鳥である

出雲大社（島根県出雲市）の巨大注連縄

と考え、鳥をかたどった造形物を、家の屋根や村の門、木の先にとりつけて飾ったというが、この鳥のいる門こそ「鳥居」の起源ではないかとされている。

現在でも鳥を屋根の上に飾る風習は日本のみならず、いわゆる倭族が住んでいた地域に共通の風習として残っていることは、注目すべき点であろう。

さらに朝鮮半島からの視点でいえば、ヒミコや『日本書紀』にみられる神功《じんぐう》皇后らの強烈なシャーマン性は、明らかに半島文化を引きずっていたということになろうし、金達寿《キムタルス》が克明に調べあげたように、日本の各地には半島系の神々を祀る神社がいたるところに散在し、半島的な祭祀と文化が、今日も色濃く残るのである。

このようにみてくれば、八世紀の持統の道教狂いも、突然変異的な事件ではなかったことが分かる。

神道とは何か、日本人とは何なのか。我々はとここにいたり、あらためて自問せざるをえない。日本人のアイデンティティをどこに求めればよいのか。

渡来・土着の混淆の宗教が神道だ

神道を彩る渡来文化の影。ただそのいっぽうで、神道を語ることの難かしさは、すべてを渡来文化のなせるものと即断することもできない点にある。

つまり、〝神道とは何か〟という問いは、〝日本人とは何か〟という、最も根本的な疑問に行き着いてしまい、倭人と土着民の混血の末裔《まつえい》が日本人だったとするならば、神道の基層に流れ続ける日本土着の宗教観・宇宙観を無視することはできなくなるのである。

そして、問題は、かつて信じられていたような土俗の宗教がほんとうに低俗で迷信に満ちた宗教であったかどうか、慎重に見つめ直す努力が要求されていることであろう。

これまでみてきたように、神道は我々が想像する以上に、大陸的で倭人的であった。しかしそのいっぽうで、渡来文化だけで語ることのできない強烈な個性を神道がもっていることも、ひとつの事実である。消そうとしても消すことのできぬ力強い個性を、たんに低俗と決めつけてよいのだろうかという思いが残るのである。

ではいったい、渡来人と土着民の宗教観の融合という問題をどうやって調べればよいのか。

そこで注目されるのが、『日本書紀』に残された証言の数々なのである。

『日本書紀』は、稲作民族の文書である。神話時代を稲作文化が日本に伝わってからのちのことと捉え、さらに稲作に対する妨害工作に対し、天津罪《あまつつみ》として厳しく罰する姿勢をみせているからだ。

天皇家は自らの祖神を〝天津神《あまつかみ》〟と称し、天上界から地上界に舞い降り、国土を支配する使命を帯びた神としている。これに対し、天津神降臨以前から日本列島にすみ、天津神の国譲りの強要に対し恭順してゆく神々が国津神《くにつかみ》たちなのである。

天からやってきた天津神たちは倭人的で、彼らに国土を奪われた国津神は、土着民族ということになろうか。

『日本書紀』は、両者を支配者・被支配者として明確に区別した。ところが、現実の社会のなかで、両者は『日本書紀』の描いた図式だけではとても理解できない関係を保っていた。天皇家は有史以来、異常ともいえるほど、この国津神たちに神経をつかい続けているのである。

天皇家の不自然な祭祀形態を、平野孝國は『神道世界の構造』(ぺりかん社)のなかで、『日本書紀』における特徴的な祭祀記録として、次のように指摘している。

❶天皇御自身のための祭りは希有なこと。
❷天皇の祭りは、大半が神祇の要求によっていること。
❸祭りを要求された神は、ほとんど、いわゆる国津神系統である。天津神系の神は、むしろ例外であること。
❹天皇の祭りは、結局、天下泰平と、五穀の豊饒につながっていること。
❺神祇の祭りは、原則的に、神の後裔によって初めて成就する。神は子孫以外の祭りをうけたまわらない。他氏の神には奉仕しえなかったこと。
❻それにもかかわらず、天皇による祭りは例外であった。天津神出自の天皇に対し、国津神たちが、こぞって祭りを要求したこと。

なぜ天皇家は国津神の要求をのみ、これを手厚く祀ったのであろうか。平野はこの理由を、国津神の末裔が天皇に祭祀を要求し、天皇がこれを行なうことで、国津神の末裔氏族の社会的地位が高まったからだろうとする。このような例は、中世社会のなかで顕著だ。被差別民たちは天皇に限りなく近づき、多くの利益を得ようとした事実がある。したがって、古代社会で敗者側にまわった国津神の末裔が、天皇という権威に近寄った可能性がないわけではない。

しかし、これだけで、この不可解な現象を説明できるわけではない。

国津神の要求はかなり強い力をもっていただけでなく、天皇家は、むしろ積極的に国津神を祀ってきたからである。

悪玉・スサノオを畏怖する天皇家

たとえば、天皇家発祥の地のヤマトで天皇家が最も重視していた聖地は三輪山《みわやま》であったが、この地に祀られる大物主神《おおものぬしのかみ》は、国津神を代表する神であった。

天皇家は、まるで三輪の神に憚《はばか》るかのように、ヤマトにおいて皇祖神・天津神を祀ることはほとんどなかったのである。

ヤマト朝廷の始祖・神武《じんむ》天皇を祀る橿原《かしはら》神宮でさえ、明治時代になってようやく創祀されたものであり、また皇祖神・天照大神を祀る伊勢神宮でさえ歴代天皇は、ほとんど行幸していない。

この例をもってしても、いかに天皇家が国津神を重視していたかがうかがえるのである。

天皇家が敬いつづけた三輪山（奈良県桜井市）

では、なぜ天皇家は、歴史の敗者・国津神を丁重に祀ってきたのであろうか。ヒントは『日本書紀』自体が示しているように思う。それが出雲《いずも》神話なのである。

一般的に、『日本書紀』神話の最も重要な位置を占める出雲神話は、まったく架空の話であり、ヤマト朝廷の反対概念として精神史的に発展させたものにすぎないとみられてきた。しかし、出雲神話には、架空のお伽話として放置しておくには惜しいほど貴重な、歴史の証言が隠されているのである。

そもそも出雲神の祖・スサノオは、天津神の出身であったと『日本書紀』は記している。あの天照大神の弟だった。ところがスサノオは手のつけられない暴れ者で、稲作の妨害を繰り返し、ついに姉の怒りをかい、地上界へ追放されてしまう。地上界に降

神武天皇陵（奈良県橿原市）

りたスサノオは、出雲で土着の国津神の娘を娶《めと》り、出雲国を建国したのである。スサノオの子らが国津神となっていくのはこのためだ。こののちスサノオが出雲を立ち去り、子の大己貴神《おおなむちのかみ》（大国主神《おおくにぬしのかみ》）の代に、天津神は国譲りを強要したと神話は語っている。

それにしても天津神の末裔・天皇家は、この出雲神や国津神に対して、なぜのちの世になってまで気をつかい続けなければならなかったのであろうか。稲作作業の妨害を繰り返し、手に負えなかったスサノオの末裔であるならば、天津神たちが出雲の地を奪っても大義名分はあったはずである。

もしかりに、一般的にいわれているように、これらの話がたんなるお伽話であったとすれば、もっと話はややこしくなる。天皇家は自ら創作した神話に

出雲を代表する大国主神（島根県出雲市出雲大社境内）

縛られ、国津神たちを必要以上に手厚く祀ってきたことになるからだ。自ら創りだした概念にすぎないものを畏《おそ》れ敬い続けるなどということは、普通ありえないことである。

天皇家は『日本書紀』のなかで、出雲神を悪玉に仕立てあげながら、現実には彼らを畏怖し続けた。であるならば、この矛盾する行為のなかに、語られざる歴史の真相が隠されている可能性は高いのである。

抹殺された縄文人の呪い

問題は、国津神が実在したとすれば、彼らの正体は何だったのか、ということにある。

彼らこそ、日本土着民・縄文人《じょうもんじん》の末裔の祀る神だったのではあるまいか。

読者の中には、「縄文人の末裔など、歴史時代のどこに存在していたのか」と、思われる方も、おられよう。第一、稲作が日本に伝わり、渡来人と縄文人は融合し、今日の日本人になった。とするならば、話は矛盾するのである。

だが、こう考えるのには、深いわけがある。その「わけ」を探る旅が、この本のテーマなのだが、ここでひとつだけヒントを掲げておくと、『日本書紀』の記された八世紀初頭は、律令制度が整備されていく時代だったということである。

律令制度の根幹は、土地政策にあった。諸豪族が私有する土地をいったん朝廷があずかり、戸籍を作った上で、農地を民に公平に分配する制度である。もちろん、計画的に税を徴収することができたから、朝廷は中央集権国家作りの切り札として、全国の農地を管理したのである。

問題は、この時代を境に、それまで稲作を営まなかった人々にも、農地を振り分け、農業を押しつけていったことである。当然、辺境の人々は反発し、反乱が起きていく。南部九州の隼人や東北の蝦夷がたびたび蜂起したのは、朝廷が律令制度を強要したからにほかならない。

彼らこそ、縄文人の末裔であり、また、『日本書紀』は、彼らを蔑視し、「教化しなければならない」と考え、また、そう主張することで、自らの行為を正当化したのである。

じつをいうと、このような朝廷の「ごり押しの正当化」は、『日本書紀』の中で証明されていたことだったのである。

そのひとつが、暴れ者＝スサノオの稲作に対する妨害活動であり、また、景行天皇の説話の中にも、「非稲作民」に対する批判的な意見が載っている。東国の蝦夷《えみし》について、次のように述べているくだりである。

東国に盤踞《ばんきょ》する人々の性格は凶暴で、人を辱《はずかし》めることを平気でする。ムラや集落には長《おさ》はなく、おのおの境界を侵しあってはものを盗む。山には邪神がいる。野には鬼がいて往来もふさがれ、多くの人々は苦しんでいる。その中でも蝦夷はとくに手強い。男女、親子の区別もなく、冬は穴に寝て、夏は木に棲《す》む。毛皮を着て動物の血を飲み、兄弟同士で疑い合う。山に登れば鳥のようであり、野原を走れば獣のようだ。恩を受けても忘れるが、恨みは必ず報いるという。矢を髪の毛の中に隠し、刀を衣の中に帯びている。徒党を組んでは辺境を侵し、収穫期には作物をかすめる。攻めれば草の中に隠れ、追えば山に逃げる。だから、昔から一度も王化にしたがったためしがない、というのである。

この一節は、ヤマトタケルの東征を正当化するための文面であるとともに、八世紀の朝廷のプロパガンダでもあろう。

東国の蝦夷たちは、八世紀にいたっても「稲作を拒否した人々」である。それはとりもなおさず、「律令体制には組み込まれない」という意思表示でもあった。そんな彼らに、いかに稲作を強要し、土地に縛り付けておくことができるか、大きな問題となりつつあったわけである。

つまり、『日本書紀』の神話の中で、天津神と国津神の対立や国津神の敗北というストーリーが展開されたのは、現実的な問題に対する答えだったのではないかと思えてくる。すなわち、縄文的な文化を継承していた辺境の民に対する「朝廷の強圧的な態度」を、正当化するためのものだったとみなすことが可能なのである。

いまも残る縄文人のすぐれた文化

少しここで縄文人とはいったい何者なのかを考えておかなくてはならない。

かつて日本列島の主であった縄文人たちは、稲作民族の渡来とともに、駆逐されたと信じられてきた。

ところが、縄文人たちが残した文化は、現在の東西日本を二分するかたちで明確な差となって残っているのである。

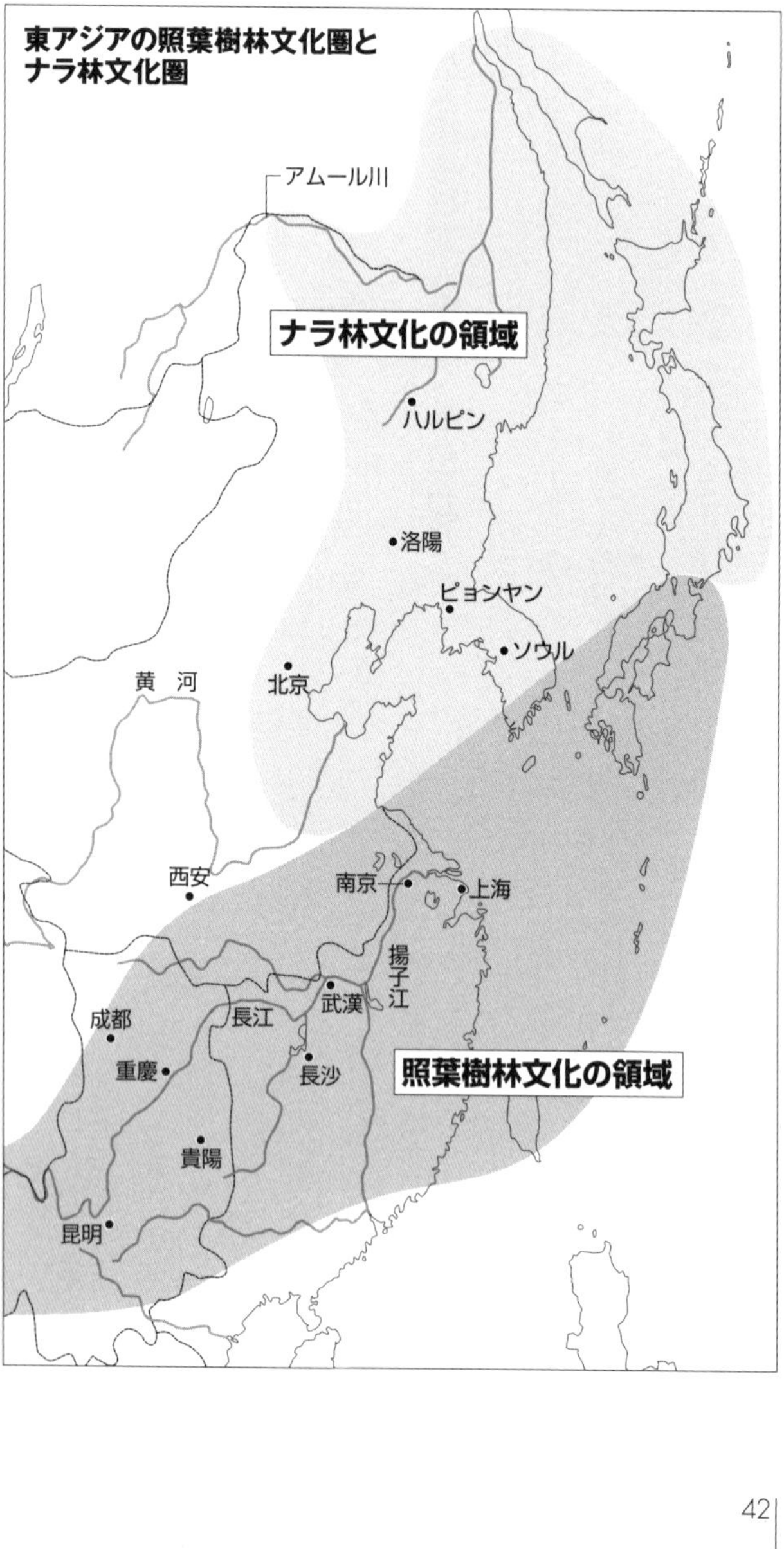
東アジアの照葉樹林文化圏と
ナラ林文化圏
アムール川
ナラ林文化の領域
ハルピン
洛陽
ピョンヤン
ソウル
北京
黄 河
西安
南京
上海
揚子江
武漢
長江
成都
重慶
長沙
照葉樹林文化の領域
貴陽
昆明

それは、名古屋から富山へと続く高山本線付近を境界線にした二つの文化圏である。

また、現代日本を二分するのは文化の差だけではなく、人種という点に関しても、同様のことがいえるらしい。

ＡＴＬウィルスの分布、人骨の特徴などの科学的データを分析してみると、九州から東北に向けて日本人の身体的特徴・人種差のなだらかな勾配が確認されているという。西国が弥生人的で新モンゴロイド的であるのに対し、東国は縄文人的・古モンゴロイド的なのである。

両者の区別は、面長、丸顔などで表現されるが、もうひとつ顕著な例は、体毛の濃さだ。古モンゴロイド（縄文人）は体毛が濃かったのである。

それにしても、なぜ縄文文化・縄文的体質は東国に残ったのであろうか。

もともと縄文時代、日本の人口密度は東高西低であった。これは、採集・狩猟民族の縄文人にとって、東日本が落葉樹林帯という食糧の豊庫であったことに起因している。したがって、東国に縄文文化が色濃く残ったことは、むしろ当然であったのかもしれない。

出雲神は縄文人だった

それでは次に、東国に偏在した縄文人たちと国津神、あるいは出雲神たちとの接点を、もう少し詳しく検証してみよう。『日本書紀』の神話のなかに、その答えは隠されている。

神話の時代背景は、金属器があふれ稲作を生業《なりわい》としているところから、それがヤマト建国の直前、弥生時代であったことは確かだ。では、このとき歴史の舞台から去っていった国津神＝出雲神たちは、何者なのだろう。

まずここで、誤解を解いておかなければならないことがある。弥生時代の始まりとともに、稲作文化と渡来人が流入し、西日本の縄文人は征服されたというイメージが、強くわれわれに焼き付いていることである。

たとえば、『日本書紀』の神話の一書の中で、スサノオは当初朝鮮半島の新羅《しらぎ》に舞い降り、そのあと出雲にやってきたと記されていて、このことから、出雲は渡来人によって征服されたという推理が提出されている。

だが、神話の中でスサノオは、「新羅の地は私の住むべきところではない」と述べ、樹木の種を日本にもたらし、日本列島を青山にしたという。

もともとスサノオは、乱暴者で、泣いてばかりいて、そのため青山は枯れてしまったといい、その後、今度は樹木を植えたというのである。

この神話、いったい何を言い表わしているかというと、金属冶金《やきん》と大いにかかわりがあったと考えられる。

銅や鉄を得るためには、大量の燃料を必要とする。金属冶金をするために、スサノオは青山を枯らしてしまったのだろう。そして、燃料を確保するために、植林をしたということになる。

じつは、弥生時代後期の朝鮮半島南部には、鉄の原料を求めて各地から人が集まってきていたと、いくつかの文書に記録されている。その中に、倭人が混じっていたともある。

スサノオの行動は、まさに、鉄を求めた倭人のそれである。したがって、スサノオが新羅に渡っていたからといって、出雲が新羅に征服されていた証拠にはならない。

では、弥生時代が、中世戦国時代を彷彿とさせるような戦乱の時代であったことを、どう考えればよいのだろう。これこそ、征服戦争ではなかったか。

だが、弥生時代の戦争は、稲作が定着した頃に始まっている事実を、見逃してはならない。

世界中の戦争の起源は、農耕の開始に求められ、これには確かな理由がある。農耕民は、土地

弥生時代の抜歯の風習が見つかった青谷上寺地遺跡（鳥取県鳥取市）

を耕し、多くの収穫を得るから余剰をもたらし、人口増を招く。すると、新たな土地が必要となる。「膨張」こそ、農耕民の宿命なのだ。だから、戦争が勃発し、強い王が立ち、交易ルートの争いも始まり、さらに領土を拡張しようとする。これを収拾するために、「国」が生まれたのであり、ヤマト建国の裏事情でもある。

つまり、弥生時代の戦争は、征服戦ではなく、豊かになった人々の欲望に起因していたのである。

では、縄文人たちはどこに行ってしまったのかといえば、渡来人たちと混血をくり返し、弥生人になっていったわけである。

問題は、縄文一万年の文化、風習は、弥生時代に入っても、なかなか消えなかったことである。

たとえば、出雲（島根県）のお隣の鳥取県の青谷《あおや》上寺地遺跡《かみじちいせき》からは、弥生時代後期の抜歯の風習が確認されている。抜歯は、縄文的な習慣で、縄文人固有の呪術である。

縄文時代と弥生時代を分けるのは、縄文土器と弥生土器だが、その境界がはっきりと決められないのも、縄文時代と弥生時代に断絶がなかったことを証明している。

日本語の起源は縄文時代に求められるが、征服者が圧倒し、日本列島（あるいは西日本）を侵略していたのなら、日本語は弥生時代に入れ替わっていたはずなのである。

そこで出雲に注目すると、興味深い事実が浮かびあがってくる。

松本清張の小説『砂の器』で有名になったが、なぜか出雲の方言は、東北弁によく似たズーズー弁なのである。これは出雲をめぐる大きな謎のひとつなのだが、出雲と東北を結びつけるのは、「日本海」である。

弥生時代後期の出雲では、四隅突出型墳丘墓《よすみとっしゅつがたふんきゅうぼ》が発達し盛行するが、この埋葬文化は、山陰地方のみならず、北陸（越）や東北地方南部にまで伝播している。日本海を通じて活発な交易が行なわれていた可能性がある。

さらに、三内丸山遺跡《さんないまるやまいせき》（青森県青森市）を見れば分かるように、東北の縄文人たちは、巨大な木造建築を造り上げていたが、この伝統は日本海を南下し、北陸にもたらされている。日本海は

出雲大社本殿（出雲市）

「巨大木造建築」の文化を共有していたのであり、この伝統が、のちに出雲大社となって華開いたとも考えられる。

それだけではない。

『日本書紀』や『古事記』のなかに登場する出雲神たちは、ひとつの特徴的な体質を共有していたのである。それは、体毛が濃いということだ。

〝八束鬚《やつかひげ》（八〇センチの長さのひげ）〟なる修辞語が出雲神につけられているが、このひげの濃いことが繰り返し述べられていることは無視できない。体毛の濃さは、古モンゴロイド（縄文人）の特徴にほかならないからである。

たとえば、縄文人の末裔は朝廷から〝蝦夷《えみし》〟と呼ばれ蔑《さげす》まれていくが、〝蝦〟は〝海老《えび》〟であり、ひげの長いことを表現しているとされる。つまり、この特徴は、出雲神・蝦夷に共通であったことになる。

さらに、出雲神のひとり事代主神《ことしろぬしのかみ》は、のちの時代に〝エビス様〟と呼ばれ、漁撈《ぎょろう》民・商人の信仰を集めたが、〝エビス〟は〝夷〟であり、稲作民族ではない狩猟採集民族の末裔の漁撈民・商人たちの手によって祀られたことの意味は大きいはずなのである。

縄文人の信仰は神道の〝地下水脈〟か？

これまで架空の存在と思われてきた出雲神たちが、縄文的要素をもっていたことは、〝神道〟の本質を知るうえで興味深い事実となってくるのである。なにしろ、神話の三分の一は出雲神の活躍に費やされているのである。

八世紀の朝廷が、〝神道〟を完成させる過程で、出雲を重視せざるをえなかったのだとすれば、出雲神が歴史に果たした役割のみならず、縄文人たちが神道に与えた影響についても、我々は考え直す必要が出てこよう。

実際、わずかながら、縄文人と日本人の真の関係を見直そうとする動きは出始めている。野蛮人と思われてきた縄文人と縄文文化を再評価しようとする試みである。

このような現象は、現代人の想像をはるかにしのぐ高度な文明・文化をもった縄文人の姿が、考古学上の新発見によって明らかになってきたことが大きな原因でもある。「野蛮な縄文時代」という常識が覆されたのは、何といっても三内丸山遺跡の発見に負うところが大きい。一九九二年から始まった発掘調査によって、縄文時代の驚くべき実態が明らかになったのである。

三内丸山遺跡の特徴は、「大きい」「長い」「多い」ということである。

［大きい］　遺跡の規模は約三十五ヘクタールで、東京ドーム七個分に相当する。また、住居、墓、倉庫、ゴミ捨て場が、計画的に配置されていた。

［長い］　遺跡が千五百年間、継続して使用されている。縄文時代は一万年以上続いたから、千五百年というと、ほんの刹那という印象がある。だが、今から千五百年前といえば、聖徳太子が生まれる前のことになる。気の遠くなる時の流れではないか。

［多い］　発掘された遺物の量が、天文学的な数字に上っていることだ。最初の三年間だけでも、リンゴ箱四万箱分という。

すでに触れた、巨大木造建築（大型掘立柱建物跡）も、想像を絶している。直径二メートル、深さ二メートルの柱穴が四・二メートル間隔で三本、二列、計六本あり、それぞれの穴に直径一メートルを超えるクリの木柱が屹立していたことが分かった。地面に一平方メートルあたり十六トンの荷重がかかっていたことが分かり、高さ十七メートルほどの柱が立っていたと推定される。ちょっとしたタワーである。

三内丸山遺跡では、クリ栽培と交易の痕跡が見つかっている。また、階級の差もすでに生まれていたことが分かっている。

狩猟採集をくり返し、移動生活をしていたと考えられていた縄文観が、ここで大きく塗り替えられたのである。

そして、高度に発達した縄文文明が、日本の文化の基層に位置していることが、はっきりとしてきたのである。

道教的な〝神道〟から、何枚も皮をはぎ取っていけば、その芯に縄文文化という原石が隠されている可能性は高いのである。

たとえば、天皇家には神道の至宝、三種の神器があるが、そのうち二つは剣と鏡、そしてもうひとつは勾玉《まがたま》である。剣と鏡は金属器であり、弥生人のもたらした文化と捉えるならば、勾玉は新石器文明人・縄文人の石を磨く技術が生かされているというべきであろう。

また、古い神社に行くと、なんの変哲もない巨岩が磐座《いわくら》として信仰を集めていたり、また、山自体が神の宿る場として神聖視されていることなども、縄文的な信仰の名残であろう。

また、縄文人の末裔・アイヌは神を指して〝カムイ〟と呼ぶが、この〝カムイ〟とは、一説には神道の〝カミ〟の語源になったのではないかともいわれている。さらには東北地方や北海道に残る〝イナウ〟（木肌を薄く何重にも削り垂らし、神への捧げ物にし、また祭礼に用いた）も、神道祭祀の必需品〝幣《ぬさ》〟の原型ではないか、ともいわれている。

こうしてみてくると、神道にも、日本土着の宗教の匂いがしてくる。

このように、〝神道〟は、日本土着の信仰と、海の外からもたらされた文化が習合して醸成されたものにほかならない。ではなぜ、神話の中で、天津神と国津神の色分けがなされたのだろう。しかも両者が、あたかも弥生と縄文という、二つの時代を代表するかのような存在に描かれたのはなぜだろう。

そこでもう少し、謎めく出雲神について、考えておきたい。

天皇家が恐れた三輪山の国津神

三輪山の麓《ふもと》、大神《おおみわ》神社の主祭神は大物主神《おおものぬしのかみ》と称するスサノオの子である。この神が天皇家に重視されていたことはすでに述べたが、この大物主神の周辺を探っていくと、興味深い事実が浮かび上がってくるのである。

『出雲国造神詞《いずものくにのみやつこのかむよごと》』という祝詞《のりと》があって、出雲の国造が新任された際に朝廷に出仕し、出雲の神からの祝いの言葉を述べ、天皇家の護り神となることを誓うのだが、このなかに次のような記述がある。

すなわち、出雲の国を造りながら、これを天津神に譲り渡した国津神・大穴持命《おおあなもちのみこと》（大己貴神《おおあなむちのかみ》）は、その名を大物主クシミカタマと称え、ヤマトの大御和《みわ》の神なび《かん》（三輪山）に移し、皇孫（天皇家）の護り神になります、というのである。

この祝詞に従えば、天津神に征服された出雲神は、朝廷に対し忠誠を誓い、さらに荒魂《あらみたま》を出雲に残し、おだやかな和魂《にぎみたま》だけをヤマトに移し、天皇家を護るために働こう、ということになる。

ところが現実の歴史は、この祝詞の内容とはまったく反対の方向に進むのである。

『日本書紀』崇神《すじん》五年の条には、次のような記述がある。

国内に疫病が流行し、死者が続出した。翌年になると、多くの百姓が流民と化し、朝廷に背く者も現われた。

大田田根子を祀る若宮社（奈良県桜井市）

なかなかうまく国が治まらないのを憂えた崇神天皇は、八十万《やそよろず》の神々を集めて占いをした。すると、ひとりの神が神託をくだし、自分を敬い祀れば必ずうまくいくであろうと語ったのである。

天皇がその神の名を問うと、大物主神だという答えが返ってきた。

さっそく天皇はこの神を祀るが、なかなか験《しるし》が現われない。そこで天皇は沐浴《もくよく》・物忌《ものいみ》をして宮を清めたうえで、大物主神におうかがいをたてた。すると大物主神は、わが子・大田田根子《おおたたねこ》をもって祀らせれば、治世は安定するであろうと語った。天皇はさっそく大田田根子なる人物を探し出し、大物主神を祀らせると、神託どおり国は鎮まったというのである。

征服者・天皇家（天津神）と被征服者・出雲神

の力をもっていた神々の正体とは、いったい何なのであろうか。天皇家を動かすほど（国津神）の奇妙な関係。天皇家の護り神になることを誓っておきながら、

ヤマトを建国したのは国津神＝縄文人だった

不思議なことはこれだけではない。
崇神《すじん》天皇八年十二月の条には、大物主を祀る三輪の地から神酒《みき》が天皇に献上されたことが記されているが、このとき詠《うた》われた三首の歌のうちのひとつに、次のようなものがある。

此《こ》の神酒《みき》は、我《わ》が神酒《みき》ならず　倭《やまと》成《な》す　大物主《おほものぬし》の　醸《か》みし神酒《みき》　幾久《いくひさ》　幾久《いくひさ》

此の神酒は私の神酒ではない。倭の国を造成された大物主神がお作りになった神酒である。幾世までも久しく栄えよ栄えよ。（『日本古典文学大系』『日本書紀・上』岩波書店）

問題は「倭《やまと》成《な》す大物主」にある。

『出雲国造神賀詞』や『日本書紀』によれば、大物主は出雲をつくった神であり、けっしてヤマトをつくったわけではなかったはずだ。ところが、この歌のなかでは、大物主が〝ヤマト〟をつくったというのである。

事実、大物主神が祀られたヤマトの三輪山と大神《おおみわ》神社は、現在でも地元の人々の最も篤《あつ》い信仰を集める聖地だが、その理由は、三輪の神が先にヤマトにやってきたからだというのである。

それにしても、天皇家より出雲神のほうが先にヤマトにやってきて、しかもヤマトを建国したという伝承が『日本書紀』に記され、二千年近い年月を超えて地元に残ったのは、なぜであろうか。

ここに、これまで語られることのなかった天津神の末裔・天皇家と、国津神たちの秘密が隠されていた可能性が出てくるのである。

出雲神・国津神たちは、これまで考えられてきた以上に、古代日本やヤマト朝廷誕生に深くかかわっていたのではあるまいか。そして、一見したところ大陸的な、道教の影響を色濃く残しているように思える〝神道〟にも、土着の彼らの強い影響のあったことを想像させるのである。

神道の真相と三輪山の謎

『日本書紀』の敏達《びたつ》十年（五八一）の春閏二月の条には、次のような記事が載っている。

蝦夷数千人が辺境に攻め入ってきた。そこで敏達天皇は首領の綾糟《あやかす》を呼び出し、次のように詔《みことのり》した。

「思うに、景行《けいこう》天皇の御世に、蝦夷らの中で、殺すべきは殺し、許すべきは許した。今、朕《われ》（私）は、その先例に則って、首謀者を殺そうと思う」

これを聞いた綾糟は恐れかしこまり、泊瀬川《はっせがわ》に入り、三諸岳《みもろだけ》（三輪山）に向かって、次のように誓った。

「われわれ蝦夷は、今からのち、子子孫孫、清らかな心で天皇にお仕え申し上げます。もし誓いを違えれば、天地の諸々の神と天皇の霊が、われわれの子孫を根絶やしにすることになりましょう」

と申し上げたのだというのである。

どうにも不審なのは、天皇に恭順した東国の蝦夷たちが、なぜか出雲神の祀られる三輪山を遥《よう》拝《はい》していることである。

この記事の謎は、なぜ東国の蝦夷たちが天皇家に対し誓いを立てるのに、天皇家の敵である出雲神に頭を垂れたのか、ということである。

だがこの謎は、「そもそもなぜ天皇家は出雲を祀る必要があったのか」と、同じなのである。なぜ蝦夷も天皇も、出雲神を崇拝したのだろう。

ことここにいたり、神道をめぐる問題は思わぬ方向へ進みそうである。

八世紀初頭、天皇家は律令《りつりょう》国家建設を目指し、中央集権化を目論んだ。その過程で、神道は天皇家を中心とする宗教に体系づけられたはずである。

ところが、それは表向きの姿であって、実際には出雲神（国津神）という、本来天皇家とは相容れぬはずの神々に、異常なほど神経をつかい、祀り続けているのである。

とすれば、ここにひとつの仮説が生まれるのである。

日本固有の宗教と思われてきた〝神道〟。しかし、注意深くこの宗教を見つめ直したとき、意外にも、外来の文化が色濃く反映されていたのである。またその逆に、天皇家は、土着の国津神を手厚く祀りつづけてきたのである。

すると神道には、消そうと思っても消すことのできぬ強烈な土着の息吹きが吹き込まれていたということになる。いくら次々と外来の思想や文化が日本に流入しようとも、それを許そうとしない強烈な魂の叫びが〝神道〟という宗教には隠されていたのではなかったか。

第2章

もうひとりのアマテラスと物部の神の謎

太陽信仰のメッカ三輪山の秘密

ヤマトの三輪山《みわやま》が古代太陽信仰のメッカだったのではないかとする推理が、近年、急速に浮上し、広く知られるようになってきた。

最初にこの推論が広く知れ渡ったのは、いまから十数年も前にNHKが放送した、『謎の北緯三四度三二分をゆく――知られざる古代』という番組であった。

このなかで、奈良の写真家・小川光三は、三輪山を東西に結ぶ直線上に、太陽信仰の遺跡が多いことに着目し、この北緯三四度三二分を「太陽の道」と名づけたのである。

たとえば、三輪山の麓《ふもと》の檜原《ひばら》神社を中心にして、東側には長谷寺《はせでら》・室生寺《むろうじ》・伊勢斎宮《さいくう》が、西側には大鳥神社、淡路島《あわじ》の伊勢の森が直線上に配されている。これは偶然ではなく、太陽信仰の痕跡ではないかとしたのである。

さらに、「太陽の道」の中心に位置する檜原神社は元伊勢と呼ばれ、その東方には伊勢斎宮が

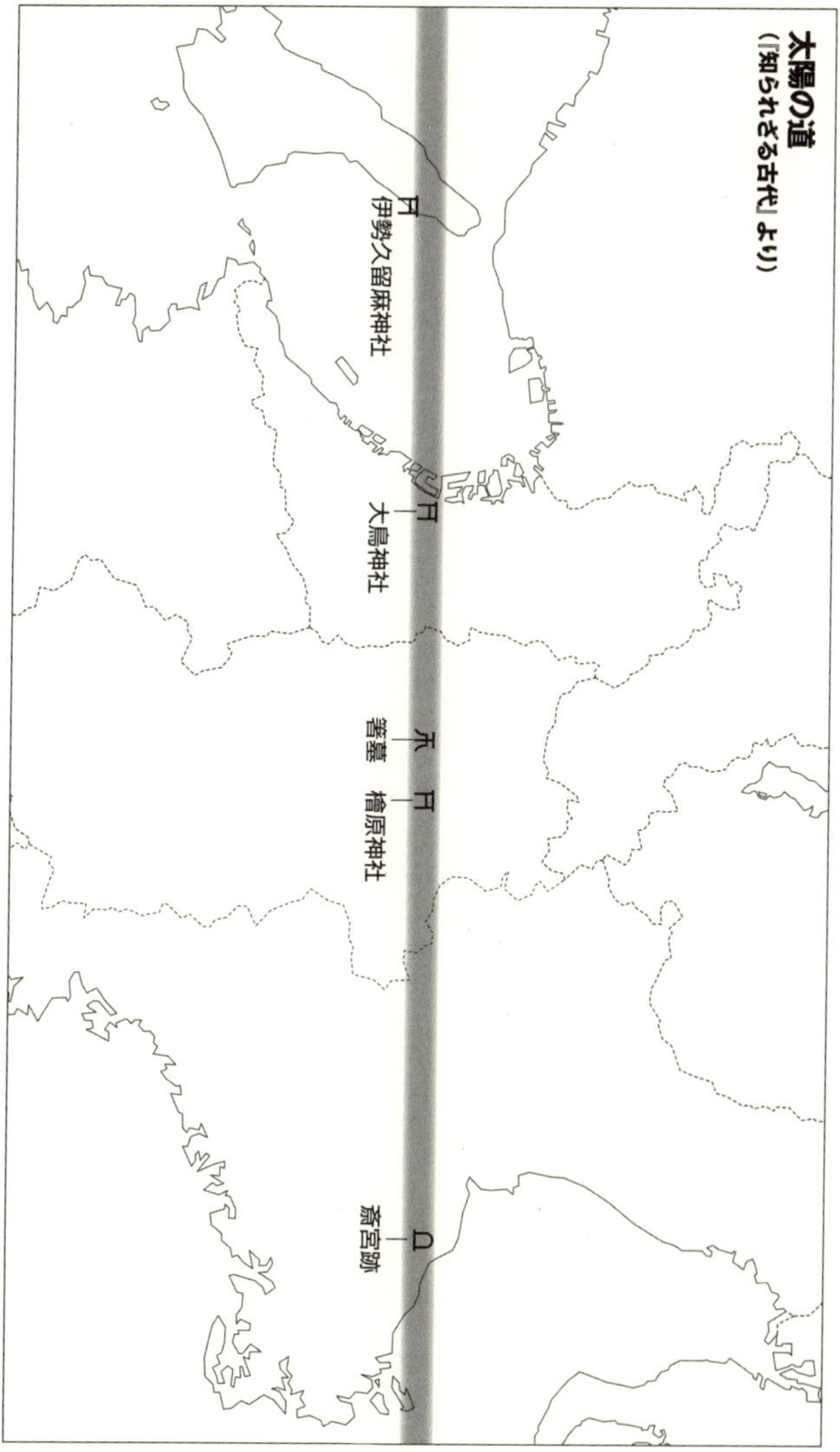
太陽の道
(『知られざる古代』より)
伊勢久留麻神社
大鳥神社
箸墓
檜原神社
斎宮跡

あり、春分・秋分の日の出・日没の方角に多くの遺跡が一列に並んでいるところから、伊勢＝天照大神《あまてらすおおみかみ》＝太陽神であり、ヤマト朝廷の太陽信仰と深いかかわりがあったのではないかと考えたのである。

この説は一時、一世を風靡《ふうび》し定説となった感すらあるが、この説を真っ向から否定する説も現われている。

渋谷茂一は、『巨大古墳の聖定』(六興出版)のなかで、コンピュータを駆使して日本各地に残る古代遺跡の〝聖点〟の位置決定の正確さを指摘し、その驚異的ともいえるほど緻密な数値から、「太陽の道」は、単純に一本の線として結ぶことができるようなものではないことを突き止めたのである。

この結果、神社などの〝聖点〟は、我々の想像をはるかにしのぐ精度で決められていたことがわかり、「太陽の道」説は根底から否定された。

ただし、これで三輪山が太陽信仰とは無関係だったのかというと、そうではないらしい。小川光三は『大和の原像』(大和書房)のなかで、三輪山にまつわるもうひとつの太陽信仰の痕跡を指摘している。

それは、三輪山山頂を中心に、左右に正三角形を描く図形の発見であった。

三輪山を中心とする正三角形郡（『大和の原像』より）

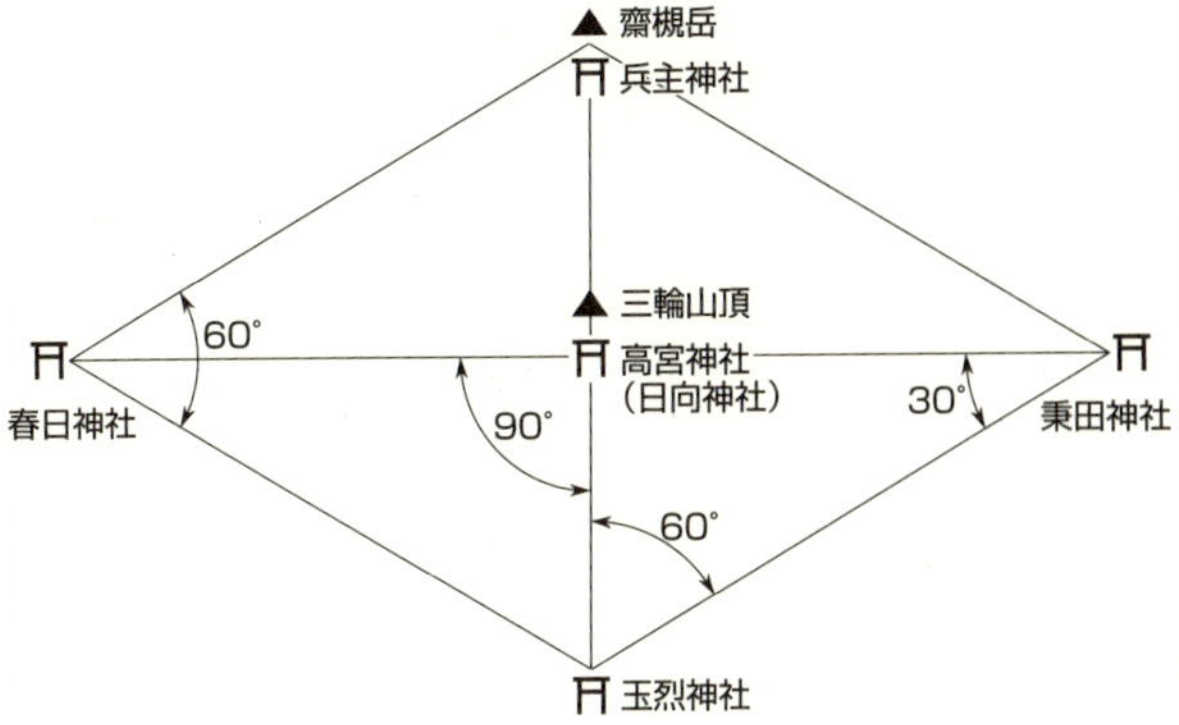

まず、三輪山にまつわる四つの聖点をつなぐと、正確な菱形ができる。この四つの〝聖点〟が織り成す菱形は、それぞれのポイントから、春分・秋分・夏至《げし》・冬至《とうじ》の日の出・日没が観測できるという、驚くべき事実が発見されている。そして、これとは別に、三輪山を頂点にして、いくつかの〝聖点〟をつなぐと、西に向かっていくつもの正三角形を描くことができる。

そして、その正三角形の〝聖点〟のいくつかの場所で、実際に太陽神を祀っている……。こうしたことから、三輪山を中心とした古代太陽信仰が確かに存在していたであろうことがうかがえる。

だが、ここで大きな謎にぶつかるのだ。

なぜ天皇家は、三輪山を太陽信仰のメッカにしなければならなかったのか。

神武《じんむ》天皇がヤマトに朝廷を開いて以来、天皇家は三輪山を無視できなかった。しかしだからといって、天皇家にとって、この三輪山を太陽信仰の中心にする必要はどこにもなかったはずなのだ。ヤマト朝廷にとっての太陽神は皇祖・天照大神であり、このことが天皇家支配のよりどころでもあったはずだ。であるならば、なぜ〝国津神〟がまします三輪山に、かくも不思議な〝太陽の正三角形〟がいくつも存在し、天皇家はこれを神聖視してきたのであろうか。

能楽『三輪』の気になる伝承

三輪山に秘められた太陽信仰の痕跡はほかにもある。不思議なことに、地図上に残された謎の正三角形だけではなく、伝承のうえでも証拠を残していたのである。

三輪の大神《おおみわ》神社には神宮寺として平等寺があるが、この寺の中興の祖・慶円上人《けいえんしょうにん》(三輪上人・一一四〇〜一二二三)は、気になる教説を残している。

すなわち、天皇家の太陽神・天照大神と出雲《いずも》神・大国主命《おおくにぬしのみこと》(大物主命《おおものぬしのみこと》)は一体であり、大《だい》日如来《にちにょらい》(密教の最高仏であり、一種の太陽神的性格をもった仏)が化現《けげん》(神仏が姿を変えてこの世に出現)したものだというのである。

このような奇想天外な伝承は、これまでまったく歴史学者から無視され続けてきた。

それもそうだろう。この伝承の成立が平安末期から鎌倉時代初頭であり、とても古代からの代物とは思えない。さらに、天照大神という天津神《あまつかみ》と大物主命という国津神《くにつかみ》が同一であるなどという、男女の差も意に介していないような考えが、いかに荒唐無稽な発言であるかはお分かりいただけるであろう。

ところがこの伝承は、実際にはどうも根が深そうなのである。というのも、「伊勢と三輪、一体分身」という神学が、三輪流神道のかなり顕著な性格とされている（『三輪流神道の研究』大神神社史料編修委員会）からだ。もちろん、伊勢とは皇祖神・天津神・天照大神であり、三輪は国津神・大物主命を指している。

つまり、一見無茶に思える平等寺の伝承も、実際のところ、三輪流神道という土着的なかたちで、明確にこの地に息づいていたのである。

さて、ここでさらに、室町時代に成立した能楽『三輪』に注目したい。

能楽『三輪』とは、玄賓僧都《げんぴんそうず》と三輪の神との邂逅《かいこう》説話である。

三輪の山麓に住む玄賓の前に、三輪の里に住むという女人が現われる。玄賓僧都は尊い人であるから、と通ううちに、ある日、僧都に「罪を済《たす》けてほしい」と懇願《こんがん》する。女人になにかしらの

玄賓が暮らした玄賓庵（奈良県桜井市）

神性を感じた僧都は、女人のいうとおり女人の家を訪ねる。

　すると、烏帽子《えぼし》をかぶり裳裾《もすそ》のうえに狩衣《かりぎぬ》を着た件《くだん》の女人が現われ、「罪を済けてほしい」と言いながら、「神道の方便」としての女姿であることをほのめかしつつ、「女姿や三輪の神、女姿や三輪の神」と語りかけ、正体を明かす。

　さらに三輪の神は、神代の昔物語は「衆生済度《しゅじょうさいど》の方便」であるといい、「思へば伊勢と三輪の神、思へば伊勢と三輪の神、一体分身の御事《おんこと》、今更《いまさら》何と磐座《いわくら》や」と述べるのである。

　ここで注目すべき点をいくつかあげよう。

　まず、神道、神代の昔話は衆生済度の方便であるとしたうえで、こうして現れている三輪の神は女姿をしているというのである。

そして第二に、先述した三輪流神道の特徴の、伊勢と三輪が一体分身であったことなど、なんでいまさらいう必要がありましょう、というのである。

ここでは、明らかに「伊勢と三輪一体分身」という三輪流神道の奥義《おうぎ》が生かされているというべきであろう。そして、なんといっても気になるのは、三輪の神が女姿であったとする証言なのである。

女姿とは、本来男性であったものが女装をしていることであり、このことを強調する能楽『三輪』は、天照大神という太陽神が〝女性〟であったという『日本書紀』の主張を根本的に否定しているのである。

このような分かりきったことを、なぜいまさらいわねばならないのか、という主張に、むしろ凄味すら感じるのである。

アマテラスは太陽神ではなく巫女だった？

それにしても、有史以来、皇室の篤《あつ》い信仰を受け続けてきた三輪の地で、なぜ天皇家の主張に真っ向から反発するかのような伝承が生まれたのであろうか。

だが、ここで冷静に考えてみると、三輪伝承とそっくり同じことを先にいいだしたのは、むしろ天皇家の歴史書『日本書紀』のほうだったのではないか、という疑いが出てくるのである。『日本書紀』は天皇家の祖神が女性であり、太陽神であったと断言している。ところが、『日本書紀』を読み直すと、不可解な記事のあることに気づくのである。

わかりやすくいえば、天照大神を太陽神であるといっておきながら、実際には太陽神ではなく、太陽神を斎《いつ》き祀る巫女《みこ》にすぎなかったのかもしれない、と伝えているのである。

『日本書紀』「神代第五段」本文のイザナギ・イザナミの二柱《ふたはしら》の神が天照大神を生む場面を引用する。

「共に日の神を生みまつります。大日孁貴《おほひるめのむち》と号《まう》す。(中略)一書に云《い》はく、天照大神といふ。一書に云《い》はく、天照大日孁尊《あまてらすおほひるめのみこと》といふ」

この一節はきわめて奇怪な内容といわざるをえない。

『日本書紀』はイザナギとイザナミが日の神＝太陽神を生んだとし、その名は大日孁貴であったとする。

ここに登場する大日孁貴とは、何者なのだろう。

孁は、一字で「巫女」の意味をなす。つまり、大日孁貴は、「大日巫女」となり、これは太陽神ではなく、「太陽神を祀る巫女」を意味している。『日本書紀』は天照大神と大日孁貴を同一とするが、属性は鏡に映した表と裏なのである。

『日本書紀』が、天照大神の名を、当初「大日孁貴」と呼んでいた意味は、とてつもなく大きい。これは、三輪伝承の、三輪の太陽神が伊勢と同体であり、女人であることは方便にすぎぬという主張を思い出すとき、じつに重大な意味をもってくるはずだ。

『日本書紀』は対極の存在を強引に結びつけていることになる。

この矛盾に、いままでなんの疑問も出されなかったわけではない。ただ、巫女であったものが太陽神に習合される例がないわけではないとして、深く追究されてこなかっただけの話である。

なぜ天皇家は太陽神を女神としたのか？

そしてさらに、大きな疑問が浮かぶ。

すでに触れたように、『日本書紀』や〝神道〟の根本を流れる思想に道教があった。平たくいえば、道教は陰と陽の教えであり、『日本書紀』の作者も、このことをかなり意識していたのである。

陰と陽は女と男でもある。男と女が交合することで子ができるように、陰と陽はお互いに引き合う力をもつ。太陽を斎《いつ》き祀《まつ》る人間が女人でなくてはならなかったのは、このことと無関係ではない。太陽は読んで字のごとく、性格は〝陽〟、つねに日を与え続ける男性である。これに対し、女性の性格は〝陰〟、星にたとえるならば、〝太陰＝月〟なのである。

つまり、本来太陽神が女性であるはずがなく、女性は陽と交わる性格をもつことから、男性神と交合することによって神託を得る巫女となったのである。

この原理に照らし合わせてみたとき、『日本書紀』の証言と三輪に残された伝承には重大な事実が隠されていた可能性が出てくるのである。

原則として、太陽神は男性である。ところが『日本書紀』はこの法則を無視するかたちで、これを女性としたのである。ところが、それとは裏腹に、『日本書紀』は良心の呵責《かしゃく》からか、天皇家の天照大神がじつは巫女であったことを、その名のなかに示していた。とすれば、天皇家にとって、女神・天照大神が太陽神であったとしたのは、〝神道の方便〟〝ヤマト統治のための方便〟であったことになる。逆に、三輪伝承では、太陽神は男性であったとする。それにもかかわらず、女装をして玄賓の前に現われたのは、〝衆生済度のための方便〟であったというのだ。

この両者の証言を重ねてみれば、太陽神が本来男性であり、これを祀ってきた巫女が女性であったことは、〝いまさらいうまでもないこと〟となるのではあるまいか。

ほんとうのアマテラスは捨てられていた？

このような推理を裏づけるかどうか定かでないが、『日本書紀』や『古事記』には、男性の太陽神が存在したにもかかわらず、これを捨ててしまったのではないかと思われる記述がある。

イザナギ・イザナミの両神が天照大神やスサノオを生む直前の、日本列島を生み出す神話はよく知られるが、この二柱の神から生まれた最初の神の名を知る者は少ないだろう。

『古事記』には次のように記されている。

「久美度邇《くみどに》（夫婦の寝所）興《おこ》して生める子は、水蛭子《ひるこ》。此の子は葦船《あしぶね》に入れて流し去《う》てき」

これによれば、最初に生まれた子は「水蛭子」といい、この子を葦船に乗せて海に棄ててしまっ

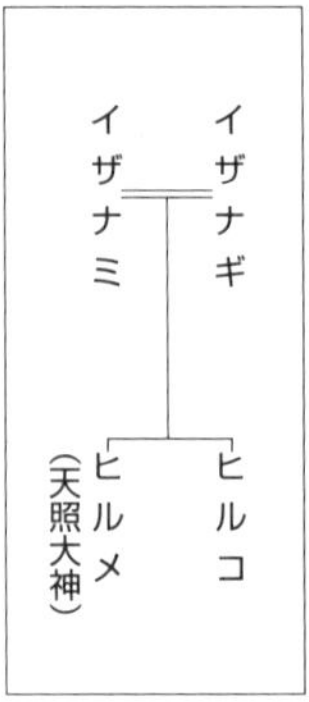

たというのである。

これと同様の話は、『日本書紀』「神代第四段一書第一」にも記されている。

それでは、二柱の神の最初の子でありながら無惨な運命を辿《たど》る「水蛭子」とは何者なのであろうか。

発育不良の第一子を棄ててしまうという伝承が各地に残っているところから、このような古伝承が『日本書紀』や『古事記』の神話に反映されたのであろう。

また、日神やその長子が舟に乗せて棄てられるという伝承もあるところから、ヒルコは天照大神の別名・ヒルメと対《つい》であり、ヒルメが女性であるのに対し、ヒルコは男性の太陽神を表わしているのではないかともいわれている。

気になるのは、この舟に乗せて棄てられたとされるヒルコが、男性の太陽神であったとする指摘である。

これは古伝承をそのまま『古事記』や『日本書紀』が取りあげたものとされているが、この裏には、きわめて政治的な思惑が隠されてはいないだろうか。

ここで思い出されることがある。『日本書紀』や『古事記』に登場する女性の天照大神とは別

元伊勢の異名をとる籠神社（京都府宮津市）

に、古代日本の各地には、男性のアマテル信仰があるということだ。これは海人《あま》族との関連が深いもので、太陽神を舟に乗せて迎えて祀るという信仰形態をもつものなのである。

たとえば、天皇家の聖地・伊勢神宮でさえ、もとをただせば、この地方土着の海人族のアマテル信仰が先にあったのではないかという説が有力になりつつある。

伊勢の対岸に位置し、海人族と深い関係にあった尾張《おわり》氏にもアマテル信仰があって、やはり日神を舟に乗せたとする古記録が存在する。

またこの一族は各地で太陽神を祀るが、とくに福岡県久留米《くるめ》市大石には伊勢天照御祖《みおや》神社があって、ここでは皇室のアマテラスとはまったく別の、尾張氏の祖にあたる男性のアマテルが祀られていることは、興味深い事実といえよう。

さらに、京都府宮津《みやづ》市大垣の籠《この》神社は尾張氏と同族の海部《あまべ》氏の祀る神社だが、伊勢外宮《げくう》の本宮＝旧地とされていることも、尾張氏と伊勢、土着の日神信仰を考えるうえで見逃せないのである。

謎の神・天照国照彦天火明櫛玉饒速日尊の登場

三輪に残された奇怪な伝承〝伊勢と三輪は同体〟や〝女姿や三輪の神〟は、一見荒唐無稽にみえながら、『日本書紀』の不審な記述と奇妙な符合をみせた。そして実際に、伊勢の地では土着の男性太陽信仰が存在し、尾張氏は独自の男性太陽信仰をもっていたのである。

本来男性でなくてはならなかった太陽神であるならば、ここにいたり、天照大神を女性に仕立てあげた『日本書紀』のほうに何かしらの作為があったと考えることは許されてよいであろう。

そして、『日本書紀』が無理を承知で男性の太陽神を女性にすり替え、そのために〝ヒルコ〟が捨てられたのだとすれば、三輪に残された神道の秘密が、ここに隠されている可能性は高いはずだ。

そこでさらに『日本書紀』を読み返すと、ヒルコのほかにも、男性の太陽神らしい存在が見え隠れしているのである。

『日本書紀』「神代第九段一書第八」には、尾張氏の遠祖として、天照国照彦火明命《あまてるくにてるひこほのあかりのみこと》なる人物が登場する。

この名は尾張氏と同族の海部氏の籠神社の「海部系図」に登場する神の名であり、『日本書紀』は尾張氏の祖に天照なる名をもった神がいたことを公認したことになる。しかも『日本書紀』のなかで、「天照国照彦火明命」が皇祖・天照大神の孫として登場してくることは興味深い。

それでは、気になるこの「天照国照彦火明命」なる神は、いったい何者なのであろうか。

そこで物部《もののべ》氏の伝承『先代旧事本紀《せんだいくじほんぎ》』をめくると、この神のもうひとつの名前に行き着く。

それはヤマト最大の豪族・物部氏の祖にあたる神で、その名を「天照国照彦天火明櫛玉饒速日尊《あまのほあかりくしたまにぎはやひのみこと》」というのである。

この『先代旧事本紀』に登場する「天照国照彦天火明櫛玉饒速日尊」という長い名の神には、大きく分けて三つの問題が残されている。

天津神には二人の太陽神がいた？

まず第一に、この神が神代だけではなく、むしろ歴史時代に大きくかかわってくる点である。『日本書紀』の記述に従えば、もうひとりの天照はニギハヤヒという別名をもっていたことになるが、このニギハヤヒなる神、じつは神武《じんむ》東遷、すなわちヤマト朝廷の誕生と深くかかわってくるのである。

『日本書紀』「神武即位前紀」には、ニギハヤヒが神であると同時に、ヤマトの地に降りて統治していた実在の人物として描かれている。

話はこうである。

九州・日向《ひむか》国にあった神武は、塩土老翁《しおつつのおじ》なる人物から、東の方角に青山に囲まれた美しい国があって、天下を治めるための中心となる場であること、そこにはすでにニギハヤヒが舞い降りて治めていることを聞かされ、ヤマトの地に都を造ろうと決意した、というのである。

神武東遷以前にヤマトを統治していた人物がニギハヤヒであったとすれば、これが〝天照〟の名を負ったことに深い興味を覚えるのである。

そして第二の問題、それはやはり『日本書紀』「神武即位前紀」に残されている。神武のヤマト入りに最後まで抵抗した土着の首長・長髄彦《ながすねひこ》は、結局ニギハヤヒに殺される。その直前、神武は長髄彦とヤマトの統治権をめぐってやりとりをしている。

まず長髄彦は神武に使いを送り、神武の行動を批難した。口上はおおよそ次のようなものであった。

「昔天津神の子が天磐船《あまのいわふね》に乗って天より降りてきました。名を櫛玉饒速日命と申します。私の妹・三炊屋媛《みかしぎやひめ》を娶《めと》り、子を生みました。私はこのニギハヤヒを君主として仰いできたのです。あなたは自らを天津神の子と称し、この国を奪おうとしていますが、なぜ天津神の子が二人もいるのでしょうか。思うに、あなたは嘘をついているのでしょう」

これに対し神武は黙っていない。

「天津神の子は多くいる。もしあなたの君主がほんとうに天津神の子であるというのなら、必ずやその印《しるし》となるものを持っているでしょう。それを見たいものだ」

すると長髄彦は、ニギハヤヒの天羽羽矢《あまのははや》と歩靫《かちゆぎ》を神武に差し出した。

神武は驚いて、「事不虚《まこと》なりけり」つまり、ウソではないな、とつぶやいて自分も同じものを持っているところを長髄彦に見せたというのである。

この記述から、『日本書紀』はニギハヤヒが天津神の末裔《まつえい》であり、天皇家と同族であることを示している。

となると、なぜ皇祖神・天照大神という女神と、ニギハヤヒ＝天照国照彦火明命という男神に、同じ「天照」という名が冠せられているのか、という疑問が浮かぶのである。

もし「天照」が太陽神そのものであるならば、天津神には二人の太陽神がいたことになってしまうではないか。

二人のアマテラスと二人のニギハヤヒの謎

これは第三の問題につながる。

正確にいうと、『日本書紀』はニギハヤヒと天照国照彦火明命を等式で結んでいない。『日本書紀』だけをみた場合、両者を同一視できないのである。

先述したように、『日本書紀』は尾張氏の遠祖として天津神・天照国照彦火明命の名をあげた。

いっぽう、「神武即位前紀」のなかで、『日本書紀』は天津神の子として、櫛玉饒速日命を登場させ、これを物部氏の祖としたのである。

両者はまったくの別の名であり、これらの記述をみるかぎり、その接点はまったくない。

ところが、物部氏の伝承『先代旧事本紀』のなかには、物部氏の祖・ニギハヤヒの本名が、「天照《あまてらす》国照《くにてらす》彦《ひこ》天《あまの》火《ほ》明《あかり》櫛玉《くしたま》饒速日《にぎはやひ》尊《のみこと》」だったとある。これに従えば、『日本書紀』にいうところの尾張氏の祖・天照国照彦火明命と物部氏の祖・櫛玉饒速日命は、重なってくるのである。

問題は『日本書紀』の態度にある。

神武東遷以前のヤマトの最初の統治者・ニギハヤヒ。この人物は天皇家と同族であり、天津神であったと『日本書紀』は証言する。

『日本書紀』に従えば、神武がヤマトを統治するようになったきっかけは、ニギハヤヒの子・ウマシマヂ（『先代旧事本紀』にはウマシマチとある）が王権を神武に譲り渡したことに端を発したという。天津神から天津神への権力の委譲ということになる。

もしこれが真実ならば、ニギハヤヒの姿をもっと明確に打ち出してもよかったはずだ。ところが『日本書紀』は、ニギハヤヒを天津神とするのみで、その系譜をいっさい明らかにしない。それどころか、天照国照彦火明命との関係をまったく無視してしまったことになる。

もしヤマトの最初の大王・ニギハヤヒと天照国照彦火明命を結びつけることを憚《はばか》るような理由があったとすれば、〝天照〟をめぐる問題に、なにかしらの秘密の存在が匂うのである。

二人のアマテラス、二人のニギハヤヒ、この不可解な現象のなかにこそ、神道の秘密が隠されているのではないか……。

そう思う理由は、確かにある。ヤマトの最初の統治者ニギハヤヒが〝天照〟であったことを朝廷が抹殺せざるをえなかったとすれば、ニギハヤヒなる人物が謎の太陽神にまつわる歴史の真実を知っていた可能性が出てくるのであり、さらにいうならば、ニギハヤヒの末裔《まつえい》・物部氏の活躍のなかに、天皇家と神道をめぐる真相をつきとめるヒントが隠されていると考えられる。なにしろ七世紀以前、〝神道〟を積極的に護《まも》り通そうとしたのが天皇家ではなく、むしろ物部氏だったという事実は、なんとしても不可解な謎だからである。

天皇家誕生の鍵を握る
物部氏の悲劇

なぜ物部氏だけが神道を護ろうとしたのか？

ここで話は六世紀後半に移る。有名な物部守屋《もののべのもりや》と蘇我馬子《そがのうまこ》の宗教戦争のことである。

六世紀に仏教が公伝されると、日の出の勢いにあった蘇我氏がこれを積極的に信仰の対象としていった。蘇我氏が朝廷を独占しようとしている時期だっただけに、これが一氏族の私的な信仰にとどまらず、国を揺るがすほどの大事件に発展したのはいうまでもない。

最も強く蘇我氏に反発したのが物部氏であった。

敏達《びだつ》十四年（五八五）三月、物部弓削《ゆげの》守屋は敏達天皇に次のように奏上する。

「欽明《きんめい》天皇より敏達天皇の代にいたるまで疫病が流行して、このままでは国の民は滅びるでありましょう。これは蘇我臣《おみ》が仏法を興隆させようとしているからではありませんか」

敏達天皇は物部守屋の言い分を認め、仏法の禁止を命じる。そこで守屋は蘇我氏の建立《こんりゅう》した寺や仏像を焼き、また焼け残った仏像を難波《なにわ》の堀江に捨てたのである。

ところが敏達天皇の死後、用明《ようめい》天皇が即位すると、物部氏と蘇我氏の立場は逆転する。蘇我氏寄りの用明天皇が、仏教を容認したためである。

この頃から、蘇我氏と物部氏の対立は決定的となる。皇位継承問題もからみ、朝廷が分裂しかねないほどの混乱が続いた。そして、この相克《そうこく》に決着がついたのは、用明二年七月のことであった。

蘇我馬子が諸皇子や群臣を率い、物部守屋を討伐したのである。

このとき馬子に従って闘ったのは、泊瀬部皇子《はせべのみこ》・竹田皇子《たけだのみこ》・厩戸皇子《うまやどのみこ》（のちの聖徳太子）・難波皇子《なにわのみこ》・春日皇子《かすがのみこ》、そのほか蘇我系統の豪族たちであった。

ここに、仏教を排斥し神道を護り抜こうとした物部氏は孤立し、滅亡したとされる。

さて、ここで問題なのは、神道を護ろうとした物部氏の聖戦に、なぜ朝廷は冷淡だったのか、ということなのである。

厩戸皇子（聖徳太子）やそのほかの皇族のほとんどが蘇我氏に味方したのは、彼らが蘇我氏の権勢に脅え、また蘇我氏の血縁であったからという、それだけの理由であろうか。少なくとも天皇家の国家統治のよりどころであった〝神道〟が滅ぼされようとしていたこのとき、天皇家一族がこぞって蘇我氏に荷担したことは理解できないのである。

物部氏側に付いた数少ない皇族のひとり穴穂部皇子《あなほべのみこ》でさえ、〝神道〟を護るという高邁《こうまい》な目的があったわけではなく、皇位継承問題に野心を燃やしていたにすぎないのである。

なぜ天皇家は神道を守ろうとした物部守屋をつぶしにかかったのか、そしてなぜ、物部氏は天皇家を敵にまわすかたちで、ひとり神道を護ろうとしたのであろうか。

これまで見向きもされなかった疑問であるが、じつに不可解ではないか……。

天津神とはいいきれない物部氏は何者なのか？

この謎を解くためにも、そもそも物部氏とはどのような一族であったのかを、ここで改めて考えておく必要がある。

『白鳥伝説』（集英社文庫）の谷川健一は、物部氏を、九州北部に本拠地をもち、天皇家が東遷《とうせん》する以前にヤマトに移り住んでいた一族だと考えた。

谷川の推理のもととなったのは邪馬台国《やまたいこく》東遷説であった。

天皇家が九州から遷《うつ》ったことは『日本書紀』も認めているし、〝邪馬台国〟が東に遷ってヤマトになったとする説はすでに述べたところである。

谷川は、この九州勢力の東遷には二つの段階があったという。

〝北九州の弥生文化と、ヤマトの古墳文化との連続性〟と〝ヤマトの弥生文化を代表する銅鐸《どうたく》と古墳文化の非連続性〟という矛盾を解き明かすには、一世紀末か二世紀に、まず先発組の東遷グループがいて、そのあとを追うように三世紀末から四世紀にかけて天皇家が移動したと考えたのである。そしてもちろん、この先発グループが物部一族だったというわけだ。

「この時期に東遷したのは金属工人の統率者としての物部一族であり、それから数世紀をへて、こんどは邪馬台国の主体が東へ移動を開始したと考えているのである」(『白鳥伝説』集英社文庫)

つまり谷川は、天皇家と物部氏を同族で同郷と考えたのである。

しかし、のちに述べるように、物部氏は、このような説明では解決できない、いくつもの問題点を抱えている。

天皇家東遷以前に物部氏がヤマトの大王的存在であったことを『日本書紀』から読み取り、これを問題視し、物部氏の重要性を世に知らしめた点で谷川の功績は大きい。しかし、これだけで物部氏の正体が明らかになったわけではない。

『日本書紀』は、物部氏を天皇家の同族としながら、そのいっぽうで物部氏の先祖の正体をぼかした。この事実には、入植先発組という単純な図式では割り切れぬ秘密を感じるのである。

物部氏の力によって天皇家は誕生した⁉

これまで知られることのなかった物部氏の実像は、神武東遷に果たしたこの一族の役割から見出すことができるのではあるまいか。

「神武即位前紀」の、神武がヤマト入りする直前の話に、再び注目してみよう。

神武から国の譲り渡しを迫られた長髄彦《ながすねひこ》はこれを拒絶する。このとき、道理をわきまえず神と人との区別すらつかない長髄彦の行動を憂えたのは物部氏の祖・ニギハヤヒであった。ニギハヤヒは長髄彦を殺したうえで、一族を率いて神武に帰服したという。神武はニギハヤヒの誠意をほめ、寵愛《ちょうあい》したというのである。

いっぽう、物部氏の伝承『先代旧事本紀《せんだいくじほんぎ》』には、『日本書紀』と少し違った話が載っている。神武のヤマト入りに際し、すでにニギハヤヒは亡くなっていて、子のウマシマチがヤマトを治めていたという。長髄彦はこのウマシマチの伯父にあたり、ウマシマチを君主として仰いでいた。ところがウマシマチは長髄彦の神武に対する反発に手を焼き、ついにはこれを殺してヤマトの王権を差し出したという。

神武はウマシマチの忠節を喜び、これに布都主神魂刀《ふつぬしのかみたまのかたな》を授けると、ウマシマチは天津神が父・ニギハヤヒに授けた天璽瑞宝十種《あまのしるしみつのたからとくさ》を神武に奉献したのである。

『先代旧事本紀』の伝承はさらに続く。

神武天皇の即位に際し、ウマシマチは天瑞宝《あまつみづのたから》を奉り、神楯《かむたて》を立てて祝い祀ったという。

さらに、

「宇摩志麻治命《うましまちのみこと》、内物部《うちのもののべ》を率《ひきい》て、乃《すなは》ち矛楯《ほこたて》を堅《たて》て威儀《よそほ》ひ厳《いづくしを》増《ま》す。（中略）凡《すべ》て厥《そ》の即位《あまつひつぎしろしめす》、賀正《としはじめのいはひ》、建都《みやこつくり》、践祚《ひつぎ》等《など》の事《こと》、並《ならび》て、此時《このとき》より発《おこ》れり」

とある。つまり、ウマシマチが物部一族を率いて矛楯を立てて神武の即位式をあげたとき、天皇家の執り行なう儀式のあらかたが整ったというのである。

また、この『先代旧事本紀』の記事と同様の伝承は、島根県大田市川合町のウマシマチを祀る物部神社にも残されている。

これらの物部氏に残された伝承の数々や『日本書紀』の記述をみてくると、ひとつの推理が生まれてくるのである。

ウマシマチの祀られる物部神社（島根県大田市）

神武天皇は九州を出発しヤマト入りを目指したが、奈良盆地を目前に、生駒山《いこまやま》を背に陣を布《し》く長髄彦を破ることができず、やむなく紀伊半島を大きく迂回し、山深い熊野を通らざるをえなかった。

『日本書紀』の証言によれば、こののちニギハヤヒが長髄彦を捕らえて殺し、物部氏の伝承によれば、長髄彦を殺したのはニギハヤヒの子・ウマシマチであったとする。いずれにせよ、物部一族が神武のためにひと肌脱いだことは、確かなことになる。

これを冷静に考えれば、神武は自力でヤマト入りできなかったことを如実に物語っている。ヤマトの土着の一勢力にすぎない長髄彦の抵抗に負けてしまった神武であった。もし物部氏が神武を叩けば、天皇家はひとたまりもなく九州に戻っていただろう。

常識的には、こうした物部氏の輝かしい功績も、物部氏の伝承のなかで顕著なことから、物部氏の手による粉飾があったと考えられている。

たしかに、その可能性がないわけではない。だが、『日本書紀』も認めるように、神武が一度はヤマト入りをあきらめるほど長髄彦の抵抗が激しかったのだから、物部氏の帰順によって神武の運命が決まったという事実は否定しようがない。このことは、むしろ天皇家自身がよく知っていたに違いない。

だとすれば、物部氏が即位儀式に大いにかかわり、朝廷第一の豪族であったかのような伝承が『日本書紀』のどこにもみられないからといって、この異伝をたんに粉飾として片づけておくことはできないのではあるまいか。

事実、物部氏と天皇即位のかかわりが濃密であったと考えることで、解ける謎がある。

元明天皇がおびえた「もののふ」は物部氏だった⁉

『万葉集』巻一、七六・七七の歌は、和銅《わどう》元年（七〇八）、天智《てんち》天皇の第四皇女・元明《げんめい》天皇が即位に際し詠《よ》んだ歌とされており、これに応えた元明の姉・御名部皇女《みなべのひめみこ》の歌とあわせて成り立っている。

天皇の御歌《おほみうた》

ますらをの鞆《とも》の音すなりもののふの大臣《おほまへつきみ》楯立《たて》つらしも

〔現代語訳〕勇士が弓を射て鞆に弦のあたる音が聞こえてくる。将軍が楯を立てて調練をしているらしい。

御名部皇女《みなべのひめみこ》の和《こた》へ奉《まつ》る御歌

わご大君物な思《おも》ほし皇神《すめかみ》のつぎて賜へるわれ無《な》けなくに

〔現代語訳〕わが大君よ心配なさいますな。皇祖神が大君に副えて生命を賜わった私がおりますのですから。（『日本古典文学大系』『萬葉集』岩波書店）

梅澤恵美子は、『額田王の謎』（ＰＨＰ文庫）のなかで明快な答えを出している。詳細は以下のとおり。

この二つの歌は奇妙な内容となっている。

元明天皇は何かに脅えているらしい。それは、二番目の御名部皇女の歌から察しがつく。「心配なさいますな。私がついているではありませんか」と慰められる元明天皇。一般的には、「もののふ＝武士」の軍事教練に元明天皇が脅えているところから、クーデターや政情不安が原因ではないかと考えられているのである。

しかし、ここに大きな疑問が浮かぶ。はたして「もののふ」は「武装集団」を意味しているのだろうか。この「もののふ」を原文は「物部」と書く。「物部大臣」が「楯」を立てているというのだ。とすれば、この「物部」は「もののふ」と読むのではなく、素直に「もののべ」「もののべの大臣」と読むべきではないか？

その理由はいくつかあげることができる。

まず第一に、このとき、物部氏出身の大臣が実在したことである。石上《いそのかみ》（物部氏の別名）麻《ま》呂《ろ》が左大臣として朝廷の中枢にいた。

そして第二に、「物部大臣」が楯を立てたという記述に問題がある。これは、天皇の即位に際し、物部氏が楯を立てたという神武以来の伝統と符合するのである。

そして第三に、「物部大臣」を左大臣石上（物部）麻呂と考えると、この二つの歌の謎が解けてくるのである。

元明天皇は、なぜ「物部大臣」らの射る弓の音に脅えたのであろう。その答えは、歌のなかで天皇が「物部大臣」を直接見ていないことからわかるのではあるまいか。「物部大臣が楯を立てているらしい」という。つまり目の前にいないが、あの騒がしい物音は、物部大臣の仕業《しわざ》に違いない、というのである。元明天皇がこの物部大臣の行為に恐怖をつのらせたのは、物部大臣が即位儀式のその場にいなかったことが最大の原因ではなかったか。

すでに述べたように、物部氏は天皇即位を祝い、儀式のなかで楯を立てた。ところが、この歌のなかで物部大臣は儀式のなかにはおらず、宮の外でなにやら騒いでいる。つまり、これは元明天皇が即位の場から物部大臣をしめ出し、これに抗議している物部大臣とのやりとりを描いた歌と考えることで謎がなくなるのである。

石上（物部）麻呂は、歴史上最後の物部出身の大政治家であった。ところがこの歌がつくられた二年後の平城遷都《せんと》に際し、今日でいえば総理大臣にあたる要職の左大臣にありながら、旧都藤原京に留守役としてひとり置き去られた悲劇の人物でもあった。物部氏の栄光も、まさにこの人物とともに終わるのである。

したがって、梅澤は、この歌が物部氏没落を象徴的に表わしていたと考える。天皇家はそれまでの伝統を無視し、即位儀礼のなかで物部麻呂を宮中からしめ出し、これに猛烈に抗議したのが、〝天の羽羽矢の弓の音〟だった。つまり、神武以来の歴史と実力をもっていた旧豪族の怒りに、元明天皇は恐れおののいたのである。

天皇即位にあたり、物部氏の占める地位が高かったからこそ、天皇家は物部氏を無視することに大きな勇気を必要としたのだとすれば、神武東遷以来続いた両者の緊密な関係と、これまで語られることのなかった、物部氏の歴史上での役割の大きさに、あらためて気づかされるのである。

天皇の神道の陰に
物部氏の神が見えてくる

ニギハヤヒは天照大神か?

ことここにいたり、物部《もののべ》氏をめぐる謎は、かえって深くなっていく……。

『日本書紀』は物部氏の祖をニギハヤヒとし、天津神《あまつかみ》とした。しかし物部氏の伝承『先代旧事本紀《せんだいくじほんぎ》』は、その祖をニギハヤヒとしながらも、その名に「天照」の二文字を冠したのであった。

もしも物部氏が『日本書紀』の証言どおり天津神出身であったならば、なぜ、天皇家の祖神・

天照大神《あまてらすおおみかみ》と重なる「天照国照彦天火明櫛玉饒速日尊《あまてるくにてるひこあまのほあかりくしたまにぎはやひのみこと》」なる人物が存在したのだろう。

ここで我々は、ヤマトの三輪山《みわやま》に残された奇妙な伝承を思い出す。

天照大神は男性であるのに女装をしていたという、あの伝承に秘められた真実とは……。もしも物部氏の祖神・ニギハヤヒこそが日本最初の太陽神で、神武東遷《じんむとうせん》以前のヤマトの神であり、三輪山伝承にある太陽神と同一であったとすれば、二人のアマテラスをめぐる謎は、一本の線で結ばれることになりはしないか。そして、だからこそ、天皇家の正統性を訴えるために編まれた『日本書紀』のなかでは、ニギハヤヒに「天照」の名を冠することができなかったのだと考えれば、まさしくここに、神道をめぐるひとつの謎を解くヒントが立ち現われてくることになるであろう。

ただ、この推理にはひとつの難点があることも事実なのだ。『日本書紀』も『古事記』も、物部氏と三輪山のつながりについて、ひと言も触れていないのである……。

しかしながら、それとは逆に別の視点から見れば、「三輪山」と「物部」には奇妙な符合のあることも、また事実なのである。

第一に、すでに述べたように、ヤマトではいまだに天皇家よりも〝三輪が先にやってきた〟とされていることだ。これは、物部氏の祖・ニギハヤヒが天皇家よりも先にヤマトを統治していたことと重なる。

第二に、これもすでに述べたが、どちらも男性の太陽神信仰をもっていることである。

そして第三に、物部氏の伝承『先代旧事本紀』のなかには、物部氏の歴史だけではなく、出雲《いずも》神から続く三輪氏の歴史をも、かなり詳しく述べられていること。

なぜ、物部氏の伝承のなかでこれまでまったく関係ないと考えられてきた、別の一族の歴史を述べる必要があったのであろうか。我々の知らぬところで、両者は強い絆《きずな》で結ばれていたのだろうか。

ヤマトと東国のつながり

では、この奇妙な符合の謎をどのように考えればよいのであろうか。

そこで少し視点を変えてみよう。

神武天皇が東遷する以前、先にヤマトに降臨したニギハヤヒは、土着の首長・長髄彦《ながすねひこ》の妹を娶《めと》ることで、ヤマトの勢力と同化している。問題は、この長髄彦の素性にある。

『日本書紀』には、神武のヤマト入りを阻止しようとした人々にまつわる貴重な証言が残されている。

激しい抵抗に頭を悩ませた神武たちは、忍坂《おしざか》の村（奈良県桜井市付近）で敵に酒を飲ませ、だまし討ちに成功する。このとき戦勝に酔った神武軍は、奇妙な歌を残している。

夷《えみし》を一人《ひだり》　百《もも》な人《ひと》　人《ひと》は云《い》へども　抵抗《たむかい》もせず

［現代語訳］蝦夷を、一人当千の強い兵だと人はいうけれども、来目部《くめべ》に対しては、全然、抵抗もしはしない（俺らは、こんなに強いのだ）。（「日本古典文学大系」『日本書紀』岩波書店）

この歌に隠された謎、それは神武たちの倒した敵の正体が〝蝦夷《えみし》〟だったということにある。ここに登場する「蝦夷」が、東国に盤踞していた「蝦夷」と同一ということではあるまい。「夷」の一文字で、「東方の野蛮人」を意味していて、九州からやってきた神武にとって、ヤマト入りを阻止しようとした敵は、みな「夷狄《いてき》」なのである。

ちなみに、なぜ「夷」が東方の野蛮人なのかというと、中華思想からの借用である。

中国では、四方に野蛮人が住んでいると考え、東西南北それぞれに対し、「東夷《とうい》」「西戎《せいじゅう》」「南《なん》蛮《ばん》」「北狄《ほくてき》」という蔑称を用意した。日本では、東方の野蛮人をさして、「東夷」に「蝦」の字を当て、蝦夷と造語したのである。

それはともかく、『日本書紀』の神武東征の段では、縄文的な風俗を供えた人々が、登場している。

神武天皇がヤマトの敵を平らげる直前のことだ。吉野の地を巡幸していたら、井戸の中から、体が光り、尾っぽをはやした男が現われた。神武が名を問うと、

「臣《やつかれ》（私）は国神《くにつかみ》の井光《いひか》と申します」

と答えた。これは「吉野の首部《おびとら》が始祖」であるという。

さらに行くと、やはり尾をはやし磐《いわ》石を押し分けて現われた者がいた。名を問うと、「磐排別《いわおしわく》の子」と答えた。これが吉野の国栖《くずら》部の始祖であったという。さらに吉野川を西に行くと、梁《やな》で魚を捕る男に出くわした。これが「苞苴《にえ》担《もつ》の子」で、阿太《あだ》の養鸕《うかいら》部の始祖だったというのである。

ここに登場してくる人々は、稲作民ではない。「山の民」「川の民」であり、のちに蝦夷と共に差別されていく人々である。

なぜヤマトに、縄文的な香りを残す人々が居座っていたのだろう。

ヤマトの盆地が三世紀後半以降、なぜ都に選ばれたかといえば、流通の要・瀬戸内海を睥睨《へいげい》す

天孫降臨伝説の地（宮崎県西臼杵郡高千穂町）

る高台に位置していたからであろう。そのいっぽうで、縄文時代以来、ヤマトの盆地と東国は、強く結ばれていた。

二上山《ふたかみやま》で採れるサヌカイトは、東国にもたらされ、また新潟県糸魚川市付近で採取されるヒスイは、ヤマトの盆地にもたらされていた。ヤマトと東国は、盛んに交流をつづけていたようなのだ。弥生時代にヤマト周辺で盛行した方形周溝墓《ほうけいしゅうこうぼ》も、やはり東国に伝播している。

また、弥生時代の到来の前後、縄文人たちは盛んに土偶を作り、呪術をもって新たな文化をはね返そうとしていたが、その最前線がヤマトの盆地だったのではないかと疑われている。橿原市から、大量の土偶が発見されているからである。

すると、吉野周辺の山の民、川の民は、伝統的に、縄文的な生業を営む人々であったのかもしれない。

このように、ヤマトは、東国との間にいくつもの接点をもっていたのである。

東国とも縁をもつ物部氏

そこで興味を惹かれるのは、長髄彦のことである。

長髄彦の名は、「スネが長い」という身体的特徴を強調したもので、本名ではあるまい。「スネが長い」のは、縄文人＝古モンゴロイドの特徴でもある。

ニギハヤヒがヤマトに舞い降り、長髄彦の妹を娶ることによって、ヤマトの王に立った。ところが神武天皇のヤマト入りに、長髄彦は徹底抗戦している。なぜ長髄彦は、ニギハヤヒなら良くて、神武はだめだったのだろう。

それは、ニギハヤヒが『日本書紀』のいうような、天津神ではなかったからなのだろうか。

ところで、物部氏と東国、物部氏と蝦夷の間に接点の多いことを、谷川健一は指摘している。なぜか物部氏は東海を中心に、東に向かって進出しているというのだ。

その理由を谷川健一は、次のように述べている。物部氏の分布が銅鐸《どうたく》の文化圏と重なるところから、金属工人を束ねていた物部氏が、天皇家よりも早くヤマトに入り、勢力を拡大していたとする。ところが、天皇家の東遷によって、物部氏の一部がヤマトにこだわっていられなくなり、東進を余儀なくさせられたと考えたのである（『白鳥伝説』）。

そして、この物部氏の東進には、もうひとつの鍵となる一族の存在があったと谷川は指摘している。謎の豪族・阿倍《あべ》氏である。

『日本書紀』によれば、阿倍氏は第八代孝元《こうげん》天皇の皇子で東国経営に功のあった大彦命《おおひこのみこと》の末裔であるとされている。この証言が正しければ、阿倍氏は天皇家の血を引く一族ということになるが、そう簡単に片づけることのできない謎が残される。阿倍氏は大彦命の末裔とされながら、六世紀末にいたるまで、歴史にほとんど姿を現わさない謎の一族だからだ。

なぜ彼らは、長い間歴史の闇に潜伏し、突然勃興したのであろうか。

一説に、阿倍氏は『日本書紀』の証言とは裏腹に、天皇家とはいっさいかかわりがなく、長い間東北を支配していた奥州《おうしゅう》安倍《あべ》氏の末裔だったのではないかとされている。

安倍氏の伝承には、彼らが大彦命から名を授かったこと、しかし、その祖はヤマトの長髄彦の兄・安日《あび》であったというものがある。

いずれにせよ、阿倍氏がいったい何者であったのか定かではない。

いっぽう、谷川健一は奥州安倍氏と阿倍氏を別の系譜だと考える。畿内に先住していた蝦夷と、西からやってきた物部氏らとの混血によって生まれた氏族がヤマトの阿倍氏であると、谷川氏は推理するのだ。つまり、奥州安倍氏がヤマトに反発し続けた蝦夷であるとするならば、ヤマトの阿倍氏は、倭人と同化していった蝦夷だったというのである。

「物部氏の分布するところには重なりあうように阿倍（安倍）氏の勢力がみられる。ヤマト朝廷の側に立ち、しかも蝦夷の血をまじえた阿倍（安倍）氏の存在は、蝦夷の蟠踞《ばんきょ》する東日本を経略するのに最もふさわしいものであった。蝦夷たちはその血の親しさから阿倍氏の配下となったものがすくなくなかったと考えられる」

残された資料が少ないこともあって、阿倍氏の正体は、藪の中である。谷川健一の推理も、決定的な証拠があるわけではない。ただし、興味を惹かれるのは、長髄彦にしろ阿倍氏にしろ、東と縁をもつ者たちが、物部氏の祖のニギハヤヒに協力的だったということである。

では、物部氏は出雲や縄文人と接点をもっていた、ということなのだろうか。

じつは、ここで話は、意外な方向に進む。結論を先に言ってしまえば、物部は出雲と接点をもつが、「出雲そのものではなかった」ということなのである。

これが何を意味するのか、次章でゆっくりと述べていこう。そして、この物部氏をめぐる謎解きが、神道の正体を探るための格好のヒントになってくるのである。

第3章

物部氏の正体とヤマト建国の真相

天皇家とは別の始祖神をもつ物部氏の謎

天皇家の歴史書『日本書紀』は、物部氏を天津神《あまつかみ》と位置づけ、天皇家の同族とみなした。しかし、物部氏の伝承を詳しくみていくと、この天皇家の主張を根底から覆《くつがえ》すような証言にいきあたる。

『先代旧事本紀《せんだいくじほんぎ》』「巻第一・神代本紀」には、不可解な記事が載っている。天地開闢《かいびゃく》のはじめの神が、ほかの史書にはまったく見られぬ名であるからだ。次のような、聞きなれない名前なのである。「天譲日天狭霧国禅日国狭霧尊《あめゆずるひあまのさぎりくにゆずるひくにのさぎりのみこと》」。

これに対し、『日本書紀』は「国常立尊《くにとこたちのみこと》」である。なぜ二つの文書の中で、この国の始祖神が異なっているのだろう。

そもそも『先代旧事本紀』とはどのような歴史書だったのか。

『先代旧事本紀』の序文には、この文書が聖徳太子《しょうとくたいし》と蘇我馬子《そがのうまこ》によって編纂《へんさん》されたと記されている。これを信じるならば、この文書の成立年代は『古事記』『日本書紀』以前ということになる。ところが、『先代旧事本紀』の本文を見ていくと、『古事記』や『日本書紀』からの引用が随所に見受けられるばかりか、西暦八〇七年成立の『古語拾遺《こごしゅうい》』の記事まで引用しているため、その成立年代は序文の証言とは異なり、実際にはおそらく九世紀頃であろうと考えられている。もちろんこの序文のいいかげんさが、偽書の烙印《らくいん》を押されるにいたったゆえんである。

しかし、たとえ序文が偽りであろうとも、『先代旧事本紀』の史料としての価値はゆるがない。ここで私が問題にしたいのは、なぜ序文で、明らかに嘘とわかるような偽証をせざるをえなかったのか、ということなのである。

一説に、『日本書紀』の掲げた始祖神からさらにさかのぼり、新たな始祖神を加えたのは、『先代旧事本紀』の序文が述べるように、『先代旧事本紀』が『日本書紀』よりも古い時代に成立したことを主張したかったからではないかとする（正確には、主張ではなく、偽装である）。

そのとおりであろう。だからこそ、なぜ偽証をする必要があったのか、その理由を知りたくなるのである。

『日本書紀』は、編纂された当時、つまり八世紀初頭の政権にとって都合の良い歴史書である。かたや『先代旧事本紀』は、物部系の文書で、平安時代に記されていたことが分かっているが、古代最大の豪族「物部」は、まさに『日本書紀』が編纂された八世紀初頭に没落している。『日本書紀』のなかで、「物部」の正体は抹殺されたであろうし、平安時代にいたっても、一族の恨みは晴らされなかっただろう。なにしろ、「物部」に引導を渡したのは「藤原」であり、八世紀以降平安時代にいたるまで、「藤原」のひとり天下が続いたのである。

すると、「物部」は、一族が没落した原因、そして、一族の輝かしい歴史を、後世に伝えたかったに違いない。だが、真実をすべて正確に記せば、権力者=藤原の報復や弾圧を受けたに違いない。『先代旧事本紀』の証言は、命がけだったのである。

とすれば、この伝承を「偽書」のひと言で片づけ、見向きもしないでおいてよいものだろうか。始祖神の異伝はたった一行の記述である。しかし、私にはこの一行に、物部氏の精魂を込めた訴えが隠されているように思えてならないのである。

“敵”の助けを借りて実現した（?）神武東遷

それでは、この始祖神の名に実際何かが隠されているのであろうか。興味深いのは、この神が「国を禅譲《ぜんじょう》した」という名であったことだ。これは神武《じんむ》に国を譲った物部の行為を暗示しているのではあるまいか。

『日本書紀』の神武東遷《とうせん》事件を、もう一度振り返ってみよう。

神武東遷説話といえば、武勇伝のイメージが強いが、『日本書紀』を冷静に読み返せば、けっして天皇家の一方的な武力進攻ではなかったことが分かってくる。

つまり、天津神の末裔《まつえい》・神武は、九州を出発してヤマトに入るまで、本来敵対していたはずの〝国津神〟や〝出雲神《いずもかみ》〟たちに助けられ、先導されていたのである。

東の方角に都にふさわしい土地のあることを塩土老翁《しおつつのおじ》から聞いた神武は、多くの皇子《みこ》や兵を率いて東征に出発する。速吸之門《はやすいのと》（豊予《ほうよ》海峡）にさしかかった一行は、ここでひとりの漁師に出会う。神武が名をただすと、つぎのように答えたという。

漁師は国津神で、名をウヅヒコといい、天津神の子がいらっしゃるというので、こうして迎えに来たと言い、神武は、ウヅヒコを先導役に任命したというのである。

それだけではない。長髄彦の抵抗で難波《なにわ》（大阪）方面からのヤマト入りをあきらめた神武一行は、山深い熊野《くまの》からヤマトを目指した。途中、峻険な山なみや道すらない原野に行く手をさえぎられ、途方に暮れる。そこに現われたのが、八咫烏《やたがらす》であった。

八咫烏のあとを追った神武一行は、無事に導かれ、難所を抜けることができたのである。

この八咫烏がいったい何者であったのか諸説あるが、どうやら出雲神であったらしい。

いっぽう『新撰姓氏録《しんせんしょうじろく》』には、神魂命《かみむすびのみこと》の孫鴨建津《かもたけつ》之《の》身命《みのみこと》が烏になりかわり、天皇を導き、その末裔に鴨県主《かものあがたぬし》・賀茂県主《かものあがたぬし》がいたという記述がある。

この証言に従えば、鴨・賀茂は国津神系とはつながらないが、『先代旧事本紀』は、スサノオ・大己貴神《おおなむちのかみ》の末裔に大神《おおみわ》君と並んで賀茂君の名を出し、〝賀茂〟が国津神系であったことを匂わせている。しかも、八咫烏は全国で祀られるが、出雲系の神々とともに祀られることが多いのも、その傍証といえよう。

さて、八咫烏に導かれた神武一行は、やがてヤマトを目前にするが、ここでも国津神が現われる。『古事記』では、吉野の地に辿《たど》り着いた神武らの前に、吉野の国巣《くず》の先祖ら、三人の国津神が現われ神武に帰順したという。

神武はなぜヤマトの地で出雲の女人を正妃に迎えたのか？

さてこうしてみてくると、神武の東遷がいかに危険に満ちていたかは明らかであり、自力でヤマトに入ることができなかったのは確かであろう。神武を助けたのは国津神、あるいは出雲神であった。

その理由はまたのちに考えることにするが、問題は、この国津神・出雲神の活躍が、神武のその後の行動に大きな影響を与えたことにある。

神武天皇は即位ののち、正妃を定めるが、これが出雲神所生の娘だったのである。『日本書紀』では、事代主神《ことしろぬしのかみ》の娘・媛蹈鞴五十鈴媛命《ひめたたらいすずひめのみこと》を迎え入れたというし、『古事記』には、大物主命《おおものぬしのみこと》の娘・富登多多良伊須岐比売命《ほとたたらいすきひめのみこと》を太后としたとしている。

これらの説話は、きわめて神話的要素が強く、架空の話ではないかといわれている。まして、出雲の地で国譲りを強要し、国を奪った天津神の末裔・神武天皇が、なぜ、よりによってヤマトの地で、出雲神の娘を皇后に選ばなければならなかったのか、まったく説明のつくところではない。

『日本書紀』は朝廷の正当性・正統性を訴えるために記された史書である。ヤマト朝廷最初の大王・神武の正妃を、敵対する勢力から選んだ、などという〝つくり話〟を、なぜでっちあげる必要があるというのか。どう考えても辻褄が合わない。

神武天皇と国津神・出雲神とひとくくりにされたヤマトの土着民との間に、歴史の表面には現われぬ緊密な関係が実在したからこのような逸話が生まれた。――そう考えたほうが自然ではあ

実在したヤマト初代王・崇神天皇の陵（奈良県天理市）

るまいか。このことは、もうひとりの神武といわれている第十代崇神《すじん》天皇の行動についてもいえることである。

これはあくまで余談だが、神武天皇が架空の人物であって、実際に歴史上に実在したのは、第十代崇神天皇からであったとする説が有力である。

すなわち、神武は崇神をモデルに創作された人物であり、『日本書紀』はひとりの業績を二つの人格に分け、史実を二回繰り返しているということである。

その崇神天皇が三輪山《みわやま》の出雲神・大物主神を異常に恐れ、丁重に祀りあげている。

なぜ神武は国津神や出雲神に助けられ、同一人物と目される崇神天皇は、出雲神を敬ったのだろう。

天津神の末裔・物部氏の国津神とそっくりな行動

さて、神武東遷と、国津神や出雲神の活躍にこれほど注目したのは、物部氏の正体を探るためであった。なぜなら、このときの国津神たちと物部氏のとった行動がまったく重なってくるからなのである。

物部氏の伝承『先代旧事本紀《せんだいくじほんぎ》』によれば、神武をヤマトに入れるために、ニギハヤヒの子・ウマシマチは、抵抗をやめようとしない長髄彦《ながすねひこ》を殺している。これはまさしく、『日本書紀』や『古事記』のなかで何度も神武の危機を救った国津神の行動とそっくりである。『日本書紀』によって天津神の末裔とされ、谷川健一によって、倭人の末裔にして金属工人の長と考えられた物部氏。しかし彼らの行動はきわめて国津神的であった……。

これまでの通説ではとても理解できない物部氏の行動。まるで天皇家に対抗するようにもうひとりの太陽神をいただき、しかも神道儀式や天皇の即位にはなくてはならない存在だった物部氏。そして、国津神・出雲神たちと瓜二つの動きをした不思議な一族……。

この謎に満ちた物部氏が、実際には出雲神の末裔であった、という説を最初に唱えたのが、『古代日本正史』の原田常治である。

「今まで、日本の古代史、上代史は、故意に造った『日本書紀』『古事記』の二つの人造亡霊に祟られたというか、ふり回されすぎていたと思う」

と述べる原田は、それまでの方法とはまったく異なる手段で、古代史の解明を試みたのである。

「まるでアメリカのディズニーランドや、日本のよみうりランドなどにつくってある『お化け』みたいなもので、こんな人造お化けを、本気で相手にして、その中から何か史実を探し出そうとすることはナンセンスに近い話である。

そんなところから真実の歴史が出てくるはずはない。裏側に回って人造のからくりの裏側から見る方法があるのか。

案外簡単にできるのではないか」

と考えた原田は、『日本書紀』『古事記』編纂《へんさん》以前からあった古い神社に残された伝承や祭神に注目したのである。

その結果、これまで創作の世界のお伽話と思われてきた〝神話〟には、本来、確かな歴史に裏づけられた根拠があったにもかかわらず、〝史実〟が天皇家に都合のいいようにねじ曲げられていたと指摘した。そして、この〝ねじれ〟の最大のものは、出雲神にまつわる神話であったという。

出雲王朝成立の真相とスサノオの正体

原田常治は、物部氏の祖であり『日本書紀』によって天津神とされたニギハヤヒが、実際には出雲神であり、スサノオの第五子、別名大物主神《おおものぬしのかみ》であったと推理している。三輪山《みわやま》に祀られる、あの大物主神である。

ニギハヤヒと大物主神が同一人物であることを、朝廷は『日本書紀』をつかって必死にかき消そうとしたのであり、しかも、各地の神社に対しても圧力をかけ、両者のつながりを断ち切ろうとした痕跡があると、原田は指摘している。

そこで原田の語る古代史の真相のあらましを、紹介しておきたい。

『日本書紀』に従えば、天照大神《あまてらすおおみかみ》とスサノオは、イザナギ・イザナミの二柱《ふたはしら》から生まれた姉と弟ということになる。天照大神は天皇家の祖、スサノオは出雲神の祖で、前者は天津神《あまつかみ》であり、後者は天津神出身でありながら、のちに国津神《くにつかみ》と同化していくことになる。

原田は、もともとこの二柱の神は姉弟ではなかったという。

スサノオは西暦一二二年頃、出雲国沼田郷で生まれたという。本名は布都斯《ふつし》。二十歳になった頃、出雲地方の豪族ヤマタノオロチを討ち、出雲の須賀《すが》の地に宮を造る。三十五歳頃には頭角を現わし出雲を統一。この勢いで西暦一七三年頃に九州遠征を決行し、これを平定、アマテラス（『魏志倭人伝』のヒミコ）に出会い同盟関係を結ぶ。

さらに、西暦一五〇年頃スサノオの第五子として生まれたニギハヤヒは、一八三年頃、父の命でヤマト平定に向かわされる。神武がヤマトを国の中心にふさわしいと考えたように、一大王朝構築の野望をもつ者にとって、ヤマトは食糧生産に適し、防衛しやすい絶好の土地だったためである。

ニギハヤヒは土着の長髄彦《ながすねひこ》を平和裡に臣下におさめ、その妹の三炊屋媛《みかしぎやひめ》を娶る《めと》ことで、〝ヤマト〟の王権を手に入れたのである。

九州とヤマトの二つのポイントを押さえた出雲王朝は、これを機に、一気に瀬戸内海を制圧していく……。

ヤマト・出雲王朝と九州王朝の合併劇

こうして九州からヤマトにいたる一大王朝を築きあげて間もなく、西暦一八五年頃、スサノオが没すると、出雲は相続争いで揺れてしまったのだと原田常治は説く。そして、このお家騒動につけ込んで出雲王朝を衰弱させたのが、かつての同盟国であるアマテラス（ヒミコ）の九州王朝だったというのだ。

西暦二二〇年頃、九州王朝はスサノオの嫡孫・建御名方《たけみなかた》を、出雲から追放することに成功する。これが出雲の国譲りとして神話になったとする。

こうして、出雲王朝の中心はヤマトに移った。ニギハヤヒを中心とする王朝と、九州王朝は、にらみ合いの状態を続ける。が、やがてニギハヤヒの死後、二三〇年頃、九州王朝はヤマトの出雲王朝に合併案を示したのである。出雲王朝の相続人はニギハヤヒの末娘・伊須気依姫《いすけよりひめ》、九州王朝の相続人は、ヒミコの孫で末子《ばつし》の伊波礼彦《いわれひこ》（のちの神武《じんむ》天皇）であった。

原田氏による出雲、物部系図

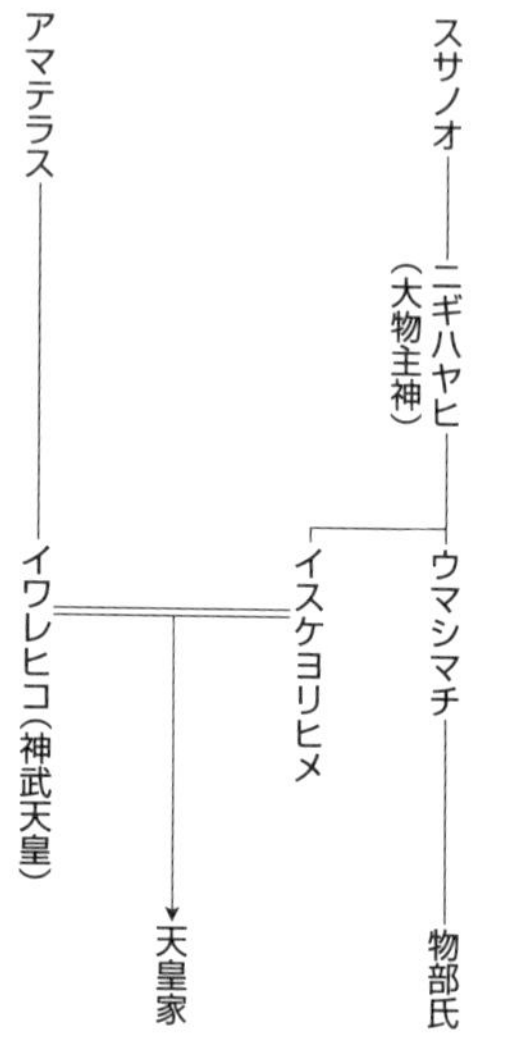

こうして対立していた両朝は合併した。つまり、『日本書紀』に記された神武の東遷《とうせん》は武力進攻ではなく、たんなる合併劇であり、長髄彦の造反というアクシデントが起きたにすぎなかったという。

ところでこのとき、両朝は重大な取り決めを行なったと、原田は指摘する。

すなわち、代々の天皇は九州王朝（アマテラスの末裔）の男子とし、その正妃には出雲王朝出身の豪族（物部《もののべ》など）のなかから選ぶこと、その正妃を輩出した親族が天皇を補佐し、政治の実権を握る、というものだったということなのである。

これが、神社伝承から導き出した、ヤマト建国にいたる道のりである。すなわち、出雲王朝と九州王朝（邪馬台国）の相剋と融合が、ヤマト建国の真相だったと原田常治は推理したのである。

原田常治の『古代日本正史』は、ロングセラーとなり、多くの古代史ファンの支持を受けたものである。

筆者も、神社伝承から古代史を導き出すという常識破りの手法や、出雲と物部の関係に興味を覚え、一時はこの考えに共鳴したものだ。

たしかに、出雲＝物部と考えれば、いくつかの謎は解けてくる。『先代旧事本紀』が掲げた始祖神の名に、「国を譲った」とあったのは、出雲の国譲りをさしているようにも思えてくる。

だが、考古学の突きつける物証を当てはめると、原田常治の考えのすべてを受け入れることはできなくなってくるのである。

そこで、考古学の示した、ヤマト建国にいたる道のりがいかなるものであったのか、その詳細を見ておかなければならない。

考古学が明かしたヤマト建国にいたる経過

弥生時代を通じ、もっとも繁栄していたのは北部九州であった。朝鮮半島にもっとも近い地理条件を生かし、先進の文物を大量に入手していたのである。特に、文明の利器である鉄器は、北部九州に偏在していたといっても過言ではない。

ヤマトの原点・三輪山と箸墓（奈良県桜井市）

ところが、弥生時代後期中葉、劇的な変化が起きている。出雲（山陰地方）に、突然鉄器が流入し、さらに吉備《きび》も、鉄器の所有量を増やしているのだ。いっぽうヤマトとその周辺の地域は、深刻な鉄不足に見舞われている。

なぜこのようなことが起きていたのだろう。

一説に、ヤマトの伸張を恐れた北部九州が、関門海峡を封鎖し、鉄器の流通を制限し、その一方で、出雲や吉備には鉄を流したからではないかという。

十分にあり得ることで、豊かになった出雲と吉備は、巨大な墳丘墓を造営し、勢力を拡大していった。

そして三世紀初頭、大事件が起きる。ヤマトの纒《まき》向《むく》（奈良県桜井市）に、政治と宗教に特化された巨大都市が出現したのである。その規模は、のちの平城京などの宮城の大きさと遜色ないものだから、巨

ヤマト建国の地・纏向遺跡（奈良県桜井市）

大都市である。

　問題はいくつもある。まず纏向に、出雲（山陰）、吉備（瀬戸内海）、北陸、東海の土器が集まってきていた。また、纏向の一帯に、巨大な前方後円墳が出現していたのである。

　三世紀前半に、前方後円墳の前身となる纏向型前方後円墳が、そして、三世紀半ばから後半にかけて、箸墓《はしはか》（箸中山古墳）に代表される定型化した前方後円墳が誕生している。

　前方後円墳をみれば、その大きさから、ヤマトの王家の絶大な権力を想像しがちだが、実態はまったくかけ離れている。というのも、この斬新なオブジェは、いくつもの地域の埋葬文化を寄せ集めて作られていた可能性が高いからなのである。

　たとえば、出雲の四隅突出型墳丘墓の貼石《はりいし》が葺石《ふきいし》に、吉備の特殊器台形土器《とくしゅきだいがた》が前方後円墳を飾り、ヤマトの方形周溝墓《ほうけいしゅうこうぼ》の周溝が前方後円墳の堀に、そして最後に、北部九州の豪奢な副葬品がヤマトにもたらされ、前方後円墳は完成したと考えられている。

このような前方後円墳が、ヤマトに出現した後、あっという間に日本各地に伝播していったことが、大きな意味をもってくる。南部九州から東北地方南部まで、前方後円墳が造営されていったのである。

これは、ヤマトの圧力によって地方がしぶしぶ採用したのではない。地方がこぞってヤマトを選択したのである。

つまり、三世紀後半にヤマトに誕生した新たな王権は、強い王家の征服によって成立したのではなく、各地の首長の総意によって誕生していたことが分かってきたのである。

ヤマト建国の詳細を知っていた『日本書紀』

興味深いのは、考古学から見たヤマト建国の経過と、『日本書紀』の記述が、多くの点で重なって見えることである。

まず、『日本書紀』には、神武天皇が東遷する以前、ヤマトには、まず出雲神・大物主神が祀られ、次に、いずこからともなくニギハヤヒが舞い降りていたという。そして、最後の最後に、九州から神武天皇がやってきたとある。

この記事、考古学の示した図式に、そっくりではないか。いくつもの地域の土器が纒向に集まったが、九州の土器は少なかったこと、その後やや遅れて北部九州の埋葬文化がヤマトにもたらされたからである。

一般に、『日本書紀』の六世紀以前の記述はあてにならないとされているが、『日本書紀』は、歴史を熟知していたからこそ、ヤマト建国の真相を神話の世界に封印し、肝腎な場面を、改竄《かいざん》していたように思えてくるのである。

そう思う根拠はいくつもあって、そのひとつを述べておくと、出雲はヤマト建国に参画しておきながら、その直後没落していたことが、物証から明らかにされているのである。

日本各地に前方後円墳が伝播していく中、出雲に限って、空白地帯となっていく。出雲では、この後しばらく、方墳や規模の小さな前方後方墳《ぜんぽうこうほうふん》（前も四角、後ろも四角）を採用していったのである。

これは、新たなヤマトの王を中心とする連合体から仲間はずれになっていたか、ヤマトの王家から、前方後円墳を造る権利を認められていなかったかのどちらかである。

なぜヤマト建国に貢献した出雲が、前方後円墳体制からはじき飛ばされてしまったのだろう。

『日本書紀』には、第十代崇神《すじん》天皇と第十一代垂仁《すいじん》天皇の時代、ヤマト朝廷は出雲いじめに走ったと記されている。出雲の神宝を検校《けんぎょう》したといい、祭祀権を奪ってしまったのだ。古くは政治をマツリゴト（政事）と呼んだように、祭祀とは切っても切れない関係にあったわけで、神宝の検校とは、ようするに出雲をヤマト朝廷が支配してしまったということにほかならないのである。

そして第十代崇神天皇といえば、すでに触れたように、初代神武天皇と同一人物と考えられていて、これはヤマト建国直後の話である。

すると、出雲神話とヤマト建国後の二つの話の中で、出雲はいじめられ、敗北していたことが記録されていたことになる。そして、くどいようだが、考古学もこれを証明していたのである。

このように、『日本書紀』は、ヤマト建国の歴史を熟知していて、しかもその過程を、いくつもの話に分解した挙げ句、真相が分からなくなるように仕組んでいたと考えられるのである。

そうなると、新たな謎が生まれる。それが、「吉備」なのである。

なぜ吉備は神話に登場しないのか?

「吉備」の謎は、神話の設定にある。

神話は単純な構造になっていて、天津神《あまつかみ》（天皇家の祖）と出雲神の対立がメインテーマである。出雲が敗れたのち、天皇家は九州に舞い降りているから、山陰地方と九州が、神話の舞台だったことになる。

ところが、実際のヤマト建国は、出雲と九州だけではなく、吉備や北陸、東海地方を巻き込んでいたのである。すると、出雲神話とはいったい何だったのかという疑問が、ふつふつと湧きあがってくる。

もちろんこれは、「『日本書紀』編者が三世紀の歴史を熟知していた上で、歴史を誤魔化したのではないか」という発想を下敷きに考えている。

そこで「吉備」の謎が浮かびあがってくる。

ヤマト建国に出雲は大いに貢献していたと考えられるが、纒向遺跡の様子から、主導権を握っていたのは吉備であった疑いが強まっている。なにしろ、ヤマト建国の象徴である前方後円墳は、いくつもの地域の埋葬文化が重なってできたとはいっても、基本形を作りだしたのは、吉備だったからだ。

すでにヤマト建国の直前、吉備には、円墳の両側に四角い突出部をもった墳丘墓が登場していた。この形が、前方後円墳の原型になったと考えられている。また、前方後円墳祭祀の重要な要素となった特殊器台形土器が吉備からもたらされている。これも、特筆すべき点である。

そうなってくると、ヤマト建国の歴史を熟知していた八世紀の『日本書紀』編者は、吉備の活躍を抹殺してしまったことになる。そして、これら一連のヤマト建国劇は、出雲対天皇家という、単純な物語に収斂《しゅうれん》されていたわけである。

したがって、出雲神話、天孫降臨神話、神武東征は、歴史に記すことのできない多くの秘密を隠匿した上で、話を単純化したものだったと察しがつく。そして、出雲神話の「出雲」が、出雲＝島根県東部という、狭い地域の話に限定する必要がなかったことに、改めて気づかされるのである。出雲神話、出雲神の中に、「吉備の話」が隠されている可能性が高まってくるのである。

それにしても、なぜ『日本書紀』編者は、吉備が邪魔になったのだろう。

そこで、『日本書紀』を読み返すと、大きなヒントが隠されていたことに気づかされる。それが、物部氏の祖・ニギハヤヒである。

神武東遷の直前、ヤマトには、出雲神の次にニギハヤヒがやってきたのである。ところが『日本書紀』は、ニギハヤヒの出身地に言及しなかった。ただ単に、天津神であることを述べたにすぎない。

谷川健一は、この記事から、物部氏は北部九州から、天皇家の尖兵《せんぺい》としてヤマトに乗り込んでいたと推理しているが、纏向遺跡の状況から察して、九州の天皇家がヤマトを制圧したとは考えられない。むしろ、九州は出遅れていたのである。

では、ニギハヤヒはどこからやってきたのだろう……。それは、吉備だったのではなかろうか。

物部と吉備の接点

「物部」と吉備の接点は、いくつか見出すことができる。

まず第一に、ニギハヤヒの末裔の物部氏の地盤は河内《かわち》にあったが、この一帯から、三世紀の吉備系の土器が大量に発見されている。おそらくこれは「瀬戸内海の覇者＝吉備」の戦略と大いにかかわりがあったと思われる。河内は吉備とヤマトの通り道に当たるからである。

物部氏がヤマトの盆地を重視せず、河内に留まったのは、吉備→ヤマトに続く瀬戸内海の流通を管理するためであろう。瀬戸内海を往来する船は、朝鮮半島へ向かい、また、淀川を遡り、東国に抜けることもできた。この東西を貫く流通を直接支配するためには、ヤマトの盆地よりも、河内を手に入れた方が合理的だ。物部と「吉備」の思わくは、河内で結び付いている。

第二に、すでに触れたように、天皇家の宗教儀礼は、物部の強い影響を受けている。このような例は、他の豪族にはありえない。大嘗祭《だいじょうさい》に参加できるのも、物部氏だけだった。

なぜ物部氏が神道行事の中で特別視されたかといえば、物部氏が、ヤマトの宗教観に大きな影響を与えたからだろう。『先代旧事本紀』には、物部の祖が、ヤマトの宗教儀礼を整えたとあり、なぜ物部なのかといえば、彼らが吉備からやってきたと考えれば、その理由がはっきりとする。

くどいようだが、神道の原型は、三世紀後半の前方後円墳の成立に求められ、前方後円墳に多大な影響を与えたのは、吉備である。

『先代旧事本紀』には、物部氏の祖のニギハヤヒがヤマトに舞い降りたとき、同行していた天《あまの》鈿女命《うずめのみこと》の末裔の猿女君《さるめのきみ》が、鎮魂祭《たましずめのまつり》に際し、「一二三四五六七八九十布瑠部由良由良止布瑠《ひふみよいむなやことふるべゆらゆらとふる》部《べ》」と、祝詞《のりと》をあげると記されているが、この不思議な祝詞は、物部氏特有のもので、奈良県天理市の石上神宮《いそのかみじんぐう》では、いまでも、この祝詞が伝えられ、巫女《みこ》が唱え、鈴を鳴らして舞う。

また、『先代旧事本紀』にあるように、猿女君の行う鎮魂祭とは、天皇と関わりのある祭りで、事実この儀礼では、箱の中に木綿《ゆう》の糸を入れ「一二三四五六七八九十」と唱え、十回くり返すと

物部氏を祀る石上神宮（奈良県天理市）

いう。こうして、天皇の御魂《みたま》が強くなると信じられていたのである。

この不思議な祝詞は、「天皇家のためだけの神道」であった伯家神道《はっけしんとう》（平安時代から明治時代まで続いた）の伝統でもある。

このように、物部氏の祭祀形態が、天皇家に取り入れられたのであり、なぜ物部氏なのかといえば、この伝統は、ヤマト建国時にさかのぼるからであろう。

神功皇后摂政紀に記された邪馬台国

このように、物部氏は吉備出身であった可能性が高い。ただそうなると、一つの疑念が生じる。

『日本書紀』の記事に従えば、ヤマト建国は物部氏の祖のニギハヤヒの王権禅譲《ぜんじょう》によって成し遂げられたというのである。

もし私見通り、ニギハヤヒが吉備出身で、ヤマトの王に君臨していたのなら、なぜ九州からのこのこやってきた神武天皇に、玉座を譲り渡したのだろう。

神武天皇は、けっして武力でヤマトを圧倒したわけではなかった。生駒山を背に闘う長髄彦の「手勢」に一度ははね返されたほどである。最後の最後、ヤマトに陣を構える強敵が現われたときも「これは勝ち目がない」と悟ったほどだった。この直後、神託が下り、「敵を呪う方法」を教わり、ようやくヤマト入りに成功したのである。それならばなぜ、ニギハヤヒ＝吉備は、王権を譲ったのだろう。

考古学的にも、この話は整合性がない。

弥生時代、先進の文物は、常に朝鮮半島から北部九州を経由して、各地にもたらされた。ところが、ヤマト建国の前後から、この「西から東」という常識がくつがえっている。

顕著な例は、纏向型前方後円墳である。

纏向遺跡の誕生とともに、原初の前方後円墳が出現し、これが北部九州沿岸地帯に伝播していったのだ。文化の逆流が起きていたのである。

邪馬台国東遷論者は、「ヤマト建国は北部九州の邪馬台国が東に移動した事件」と考えるが、当初纒向に集まった土器の中で、北部九州のものは、極めて少量で、邪馬台国東遷論を否定している。

ヤマトは、北部九州の勢力に蹂躙されたわけではないし、だいたい『日本書紀』には、神武天皇は南部九州からやってきた、と書かれている。そしてニギハヤヒは、自主的に、王権を譲り渡した……。

なぜこのようなことが起きたのだろう。

そこで、気になる人物に、ご登場願おう。それが、第十五代応神《おうじん》天皇の母・神功《じんぐう》皇后なのである。

『日本書紀』は、「ヤマト建国は神武天皇の時代」と述べ、通説は、「第十代崇神天皇の時代が現実のヤマト建国」という。そうなると、第十五代応神天皇の母は、ヤマト建国とはまったく関係がないことになる。

ところが『日本書紀』は、三世紀の『魏志倭人伝』の、いわゆる邪馬台国記事を、神功皇后の段で引用している。つまり『日本書紀』は、邪馬台国の卑弥呼《ひみこ》（あるいは宗女《そうじょ》の台与《とよ》）は、神功皇后だった、と言っていることになる。

確認しておくが、邪馬台国は二世紀末から三世紀にかけて、日本列島のどこかに存在していた

「倭国の首都」で、時代は、纏向遺跡とも重なっている。つまり、邪馬台国の時代にヤマト建国という事件が起きていたわけである。

ついでまでに言っておくと、だからこそ、邪馬台国畿内論者は、「邪馬台国はヤマトで決まった」と述べているのだが、ことはそう単純ではない。邪馬台国と纏向の時代が重なる、ということが分かっただけで、邪馬台国と纏向を直接結びつける材料は、何ひとつ見つかっていないのである。

それはともかく、通説は、神功皇后紀の邪馬台国記事を無視している。そもそも神功皇后そのものが、六世紀から七世紀にかけての女帝たちをモデルに創作されたものに過ぎない、というのである。

しかし、神功皇后の身辺を洗っていくと、この女人を無視することはできなくなってくる。

ヤマトの台与による山門の卑弥呼殺し

神功皇后とヤマト建国の真相については、すでに拙著『古代史謎解き紀行』(ポプラ社)のシリーズの中で、詳細は語っている。そこでここでは、そのあらましを述べておこう。

日本の流通の拠点関門海峡（山口県と福岡県の県境）

神功皇后の子・応神は、現在の九州の福岡市で生まれ、ヤマトに帰還するが、そのルートは、神武東征のそれにそっくりである。

神武天皇は日向《ひむか》（宮崎県）から北上し、途中関門海峡を越え、宗像《むなかた》のあたりに立ち寄っているが、ここから東のルートは、応神と共通である。ヤマトの敵と闘ったという話も、そっくりだ。

神武天皇は大阪方面からのヤマト入りを諦め、南下し紀国《きのくに》（和歌山県）に向かっているが、応神天皇も、一度紀国に逃れている。

応神は北部九州から、神武は南部九州から、という違いはあるが、「ヤマト入りを阻止する敵」がいたこと、その足取りは、瓜二つなのである。

神武天皇は、「呪い」によってヤマト入りを果たしたが、応神も、幽霊船に乗り、「御子《みこ》は亡くなら

神功皇后の豊浦宮が置かれた忌宮神社（山口県下関市）

れた」とデマを流し、敵を騙そうとした。本来なら、旗標《はたじるし》の死は、秘匿すべきであるのに、嘘をついたのは、敵に恐怖心を植え付けるためだろう。ようするに、これも「呪い」であり、どこから見ても、神武と応神は、よく似ている。

神功皇后の行動も、無視できない。

神功皇后が九州に赴いたのは、熊襲《くまそ》が反乱を起こしたからだった。『日本書紀』に従えば、神功皇后はこの時、なぜか越《こし》（北陸）にいて、日本海を西に向かい、出雲を経由して穴門豊浦宮《あなとのとゆらのみや》（山口県下関市）に入っている。ここで夫の仲哀《ちゅうあい》天皇と合流し、しばらく滞在した。

その後、北部九州に進出しようとすると、沿岸地帯の首長たちが、こぞって恭順してきたという。

じつは、この時神功皇后に靡《なび》いた首長たちの勢力圏は、纏向型前方後円墳の分布と、ほぼ重なっているのである。これに対し、神功皇后に最後まで抵抗したのは山門県《やまとのあがた》（福岡県みやま市）の女首長で、この地域は、纏向型前方後円墳を、拒否していたのである。

これは偶然なのだろうか。

興味深いのは、山門県が、邪馬台国北部九州説の最有力候補地だったこと、しかも神功皇后の身辺には、なぜか「トヨ」の名を冠する女神がかかわりをもっていたことである。神功皇后自身も、「豊浦宮」に拠点をもっていたことは無視できない。これは「トヨの港の宮」であり、神功皇后は「邪馬台国の台与」だった疑いがある。

つまり、「ヤマトの台与による山門の卑弥呼殺し」を疑っているのである。

卑弥呼の宗女の意味

『魏志倭人伝』には、「卑弥呼の宗女が台与」とある。宗女とは、一族の女性をさしている。これを信じれば、ヤマトの台与の山門の卑弥呼殺しは、にわかには信じられないだろう。だが、意外な事実が、『魏志倭人伝』に記されている。

景初《けいしょ》二年（二三八、ただし、景初三年の誤りとされている）、倭の女王（卑弥呼）は、魏に難《な》升米《しめ》を遣わし、男の生口《せいこう》（奴隷）四人と、女の生口六人、斑布《はんぷ》を献上したという。とてもではないが、豪華な献上品とは言い難い。これに対し台与は、奮発している。男女の生口三十人にのぼり、大量の真珠やヒスイの勾玉などを送り届けている。卑弥呼の時とは、雲泥の差がある。

なぜ卑弥呼の時よりも台与の方が、豪華な献上品を贈っているのだろう。それよりも気になるのは、ヒスイである。

なぜ台与は、卑弥呼が贈ることのできなかったヒスイを、魏に贈ることができたのだろう。問題は、ヒスイが日本を代表する神宝であり、越（具体的には、新潟県糸魚川市）の特産品だったことにある。神功皇后が越からやってきたという『日本書紀』の設定、ここにきて、大きな意味をもっていた可能性が出てくる。

神功皇后は多くの伝説の中で、海神《わたつみ》から「珠《たま》」をもらい受けている。ヒスイも、海の底から現われる神宝で、だから、海神の宝と考えられていたのである。海神から「珠」を貰い受けていた神功皇后は、ヒスイの女王でもある。

神功皇后はヤマトの台与で、邪馬台国のヒミコを殺し、越のヒスイを魏に献上したとすれば、『魏志倭人伝』の記事の意味がはっきりとしてくるのである。

ここで、『魏志倭人伝』の記事と時代背景を、もう一度確認しておこう。

二世紀後半、倭国は戦乱に明け暮れていたという。そして、混乱を収拾するためにひとりの女王が立てられた。これが、邪馬台国の卑弥呼である。その後、卑弥呼は魏に朝貢し、親魏倭王の称号を獲得する。だが、三世紀半ば、狗邪《くや》国との戦闘のさなか、卑弥呼は亡くなる。この直後、男王が立つも、混乱が続き、やむなく台与を立てたのだという。

これが、『魏志倭人伝』に描かれた、三世紀の倭国の姿である。

これに、考古学の示す時代背景を結びつけてみよう。

ヤマト建国の直前、北部九州の一極支配は崩れ去ろうとしていた。急速に発展した吉備と出雲が、北部九州の流通支配を打破しようと動き出した気配がある。そして、三世紀、ヤマトの纏向に、出雲、吉備、東海、北陸の勢力が結集し、国の中心になる都市＝纏向を築き上げたのである。

これに対し北部九州の出方は、二つに分かれたように思われる。沿岸地帯の首長層は、すばやくヤマトに靡き、纏向型前方後円墳を受け入れた。だが、内陸部の首長層は、頑なに拒んだのである。

ここに、邪馬台国の秘密が隠されているように思えてくる。

北部九州は、弥生時代の最先端地域である。かつての栄光を取り戻したいと願った北部九州の内陸部の首長たちは、ヤマトに対抗すべく、外交戦に打って出たのではなかったか。すなわち、いち早く魏に朝貢《ちょうこう》することで、親魏倭王《しんぎわおう》の称号を獲得し、倭国を代表する勢力というお墨付きをもらってしまったのだ。もちろんこの勢力が、卑弥呼を推戴《すいたい》する北部九州内陸部の邪馬台国である。

日の出の勢いにあったヤマトは、邪馬台国潰しにかかったのだろう。そして派遣されたのが、台与＝神功皇后ということになる（もちろん、台与はまだ子供だったから、実際に軍勢を率いていたのは、別の人物だろう）。

こうして、卑弥呼は台与に滅ぼされた。ところが、ヤマトの頭痛の種は、卑弥呼が「親魏倭王」だったことである。魏を後ろ盾にする卑弥呼を殺してしまったとなれば、魏に刃向かうことに直結する。そこで、混乱ののち、台与が王に立ち、「卑弥呼の宗女」と魏に報告したのだろう。

これが、神功皇后（台与）と邪馬台国をめぐる、私見の骨子である。

ヤマト建国後にいじめられていた出雲

神道の正体を探るために、邪馬台国問題にまで言及しているのは、神道を構築した八世紀の朝廷が、同時に歴史を抹殺していたからで、真実の歴史を解明しない限り、なぜ八世紀の段階で、新たな神道が必要とされたのか、その意味が分からなくなってしまうからである。

そこでもうしばらく、邪馬台国とヤマト建国の話に、お付き合い願いたい。

さて、ではこののち、台与がヤマトに移ってヤマトは建国されたのだろうか。

不思議なことは、『日本書紀』に描かれた神功皇后のその後である。

応神を九州で産み落とした神功皇后は、ヤマトに向かうが、応神の即位を阻止しようと、軍勢が待ちかまえていたという。応神は武内宿禰《たけのうちのすくね》に守られ、ヤマトに向かう。そして、敵を打ち払ったのだった。ところがその後、神功皇后は六九年間摂政の座にすわり、応神が即位したのは、神功皇后が亡くなったのちであったという。

この長すぎる空位も気になるが、それよりも謎めくのは、歴史の勝者である神功皇后が、平安時代にいたっても、祟って出ると信じられていたことである。

祟りは、祟られるものにやましい気持がないと成立しない。そうであるならば、神功皇后の生涯は、『日本書紀』の記事とは裏腹に、悲劇的なものだったのではあるまいか。

『魏志倭人伝』は、台与は三世紀半ばに王に立ったといい、『晋書《しんじょ》』起居注《ききょちゅう》には、三世紀後半、台与らしき人物が、朝貢したとある。けれども、晋はこの使者を厚遇していない。

このあと、台与は行方不明になる。中国側の史料から、一切姿を消し、また『日本書紀』は、台与そのものを無視する。

では、台与＝神功皇后の行方を捜し当てることはできるのだろうか。

ヒントは、（1）ヤマト建国後の出雲の衰退、（2）天孫降臨神話を彩る奇妙な人脈、（3）ヤマト朝廷が恐れた出雲の祟り、の三つである。

そこで、（1）から考えてみよう。

すでに触れたように、『日本書紀』によれば、ヤマト建国後、朝廷は出雲の祭祀権を奪い、兵を送り込んでいた。問題は、この時出雲いじめに差し向けられたのが、「物部」であり、「吉備」の名を冠する者だったことである。

「物部」が「吉備」出身であり、ヤマトの黎明期に主導権を握っていたとすれば、この『日本書紀』の記事、無視できない。

島根県大田市《おおだ》には、物部神社があって、伝承によれば、ニギハヤヒの子の宇摩志麻治命《うましまちのみこと》（『日本書紀』には可美真手命《うましまでのみこと》）が、ヤマト建国後この地にやってきたという。大田市は旧国名は石見《いわみ》国で、出雲国とは国境を接している。出雲を監視するために、宇摩志麻治命（可美真手命）はこの地にやってきたらしい。実際、出雲大社と物部神社は、いがみ合ってきた歴史があるという。

こうしてみてくると、ヤマト建国後の出雲いじめが、ヤマトの主導権争いではないかと思えてくるのである。

ヤマト建国は、多くの首長たちの総意だった。また、吉備が主導権を握っているからといって、突出した存在ではなかっただろう。だから、誰が新たな政権を運営していくのか、当然争いが生じたであろう。

そして、主導権争いは、「瀬戸内海（吉備）」と「日本海（出雲）」の暗闘でもあっただろう。ヤマト建国のきっかけは、北部九州の関門海峡封鎖政策に対抗するためであったはずだ。鉄器保有量の圧倒的優位を傘に、あぐらをかいていた北部九州に対するレジスタンスでもあったろう。そして、多くの人々がヤマトに集まり、北部九州を屈服させようと考えたに違いない。そうしなければ、朝鮮半島との交易をスムーズに行なえないからである。

そうなると、神功皇后が、「越から日本海を伝って九州に向かった」という『日本書紀』の記事が重要な意味をもってくる。出雲と北部九州は、弥生時代から交流があり、纏向誕生後も、出雲が北部九州に新たな潮流を送り込んでいた気配がある。神功皇后と深くかかわる宗像大社の伝承に、「宗像神は出雲から九州にやってきた」とあるのも、興味深い。

つまり神功皇后の活躍は、ヤマトと北部九州沿岸部の首長層の橋渡し役になった「出雲」そのものであったことが分かる。そして、この流れで、「出雲」が率先して、邪馬台国の卑弥呼潰しの大役を担ったということだろう。

だが、神功皇后（台与）が卑弥呼を殺し、宗女を名乗り王に立ってしまった段階で、「出雲」と「吉備」の間に、疑心暗鬼が生まれてしまったのではあるまいか。

神功皇后の即位は、卑弥呼が親魏倭王の称号を獲得してしまっていたから、やむを得ない処置であったろう。だが、ヤマトでもっとも力をもっていた吉備にすれば、これは誤算であり、また新たな脅威が生まれることとなった。なぜなら、もし仮に、出雲と北部九州が手をつないで関門海峡を封鎖するような事態になれば、瀬戸内海、ヤマトは、死に体となってしまうのである。

さらに、出雲と北部九州が手を結んでしまえば、朝鮮半島南部の鉄の産地も、当然出雲側につくであろう。これでは、ヤマトは干上がるだけである。

そこで吉備は、台与（神功皇后）潰しに走ったのではなかったか。台与は、親魏倭王の称号を獲得していたから、ヤマトの吉備は、容易に手出しできなかっただろう。だが、中国で魏が滅び、晋が誕生したことによって、情勢は一変したのだろう。台与が晋に朝貢したにもかかわらず、冷遇されたことで、台与の凋落が決定的となったはずである。

そして、これがヤマトの出雲いじめの真相であり、『日本書紀』は、「出雲の国譲り神話」という御伽話にして、歴史をすり替えたと考えられるのである。

天孫降臨の真相と武内宿禰の正体

つぎに、（2）のヒントである。

天孫降臨といえば、天皇家の祖神が、高天原《たかまのはら》から南部九州の日向《ひむか》の襲《そ》の高千穂峯《たかちほのたけ》（宮崎県と鹿児島県の県境の高千穂峰と宮崎県西臼杵郡高千穂町の二説あり）に舞い降りたという話だ。また、天皇家は渡来人と考える人々は、「この神話こそ、太古の昔、天皇家の祖が日本列島に押し寄せた歴史そのものではないか」と考える。

だが、話はそう単純ではない。まず、なぜ皇祖神《こうそしん》は、よりによって南部九州に舞い降りたのだろう。八世紀の朝廷が、天皇家の正統性を証明するために神話を書いたのだとすれば、なぜ北部九州と比べて見劣りのする南部九州を選んだのだろう。しかも、神武天皇が東遷する以前、すでにヤマトの地には、ほかの人物（ニギハヤヒ）が降臨していたという話も、不思議な設定である。単純に、皇祖神がヤマトに舞い降りたことにしても良かったのである。

そこで、神話に注目してみると、興味深い事実に気づかされる。高天原から山の頂に舞い降りたという設定は、明らかに「神話」である。すると、次の一歩が、気になる。皇祖神(天津彦彦《あまつひこひこ》火瓊瓊杵尊《ほのににぎのみこと》)は、高千穂から、歩いて笠狭碕《かささのみさき》に向かったという。鹿児島県西北部の野間岬である。「天皇家は征服者」と考える人々は、中国大陸南部から琉球を経由し、島づたいに野間岬に辿り着いたのだろう、とする。だが、筑後川を下って有明海から南下しても、自然と野間岬に辿り着く。

ひょっとして天孫降臨とは、ヤマトの吉備に裏切られ、山門を追われた台与(神功皇后)の、逃避行だったのではないか……。こう思う理由は、いくつかある。

高天原から皇祖神が地上界に舞い降りる途中、異形の神が現われる。これがサルタヒコで、目はらんらんと輝き、長い鼻をもっていたという。サルタヒコは国津神であることを告げ、皇祖神の道案内役を買って出たのである。

ところが、『日本書紀』神話の別伝には、この時皇祖神の前に現われたのは、サルタヒコではなく、塩土老翁《しおつつのおじ》であったという。

塩土老翁は別名を住吉大神《すみよしのおおかみ》といい、これが曲者なのだ。

神武天皇の祖父に当たる山幸彦《やまさちひこ》(彦火火出見尊《ひこほほでみのみこと》)は、いわゆる海幸山幸神話の主人公だが、釣り針をなくして途方に暮れていたところを、塩土老翁に導かれ、海神の宮に辿り着いている。

住吉大神を祀る住吉大社（大阪市住吉区）

神武天皇も、塩土老翁に、誘われ、ヤマトに向かっている。

このように、塩土老翁は、「導く神」で、サルタヒコと属性を共有している。両者は同一の神であろう。

塩土老翁は、もうひとり、そっくりな人間がいる。それが、神功皇后の忠臣・武内宿禰なのだ。

武内宿禰は、神功皇后の息子・応神の手を取って、ヤマトに導いた。武内宿禰は三百歳の長寿であったと『日本書紀』は言い、武内宿禰と塩土老翁は、どちらも「老翁」である。

神功皇后の夫・仲哀天皇は、香椎宮《かしいのみや》（福岡県福岡市）で変死するが、『古事記』には、この晩天皇の死を看取ったのは神功皇后と武内宿禰だったとあり、住吉大社の伝承によれば、この時、神功皇后と

祭りに用いられる弥五郎ドン（鹿児島県曽於市）

住吉大神は、夫婦の秘め事をしたという。住吉大神は塩土老翁で、塩土老翁と武内宿禰はそっくりなのだから、実際に神功皇后と契りを結んだのは、武内宿禰であろう。

ここで改めて、天孫降臨以降、神武東遷にいたるまで、王家の祖の身辺に、嚮導《きょうどう》の神（導く神）塩土老翁がまとわりついている事実に気づかされる。このことから、台与の敗北、南部九州への逃避行というストーリーが想定可能となる。

ちなみに、野間岬のある鹿児島県で祀られる巨大な張りぼて弥《や》五郎《ごろう》ドンは、本来この地とは縁もゆかりもないはずの武内宿禰と言い伝えられていて、身なりは、サルタヒコのそれにそっくりである。これも、深い歴史に根ざしていると思われる。

『日本書紀』には、武内宿禰が九州にいたとき、「武内宿禰は三韓（朝鮮半島南部の国々）と結び、ヤマトを乗っ取ろうとしています」と讒言《ざんげん》を受け、殺されかけたという話が載っている。この話も、「台与を裏切ったヤマトの吉備」という歴史が背景に隠されていたと考えられる。

日向御子は神武天皇？

そこで、（3）のヒントに移る。

第十代崇神《すじん》天皇の時代、天変地異と飢餓によって、政情不安に陥ったという。そこで崇神天皇は、占いをしてみると、出雲神・大物主神《おおものぬしのかみ》の意志だと分かった。神託によれば、大物主神の子の大田田根子《おおたたねこ》に大物主神を祀らせればよいという。朝廷は大田田根子を探しだし、大物主神を祀らせたところ、世は平静を取り戻したという。

なぜヤマト黎明期、大物主神は祟ったのだろう。それは、出雲から九州に向かい、ヤマトに裏切られた台与の恨みであり、また、同時にヤマトに潰された出雲の怨念であろう。

問題は、大物主神を祀るために「忘れ去られた御子」を探しだし、大物主神を祀らせたという話の設定である。

王にも手に負えず、国を揺るがしかねない祟り神に対する祭祀を、「忘れ去られた御子」に委ねたという。これは祭祀権の移譲であり、これは、王権の移譲に匹敵するほどの重大事である。

ひょっとして、大物主神を祀った「忘れ去られた御子」とは、南部九州に逼塞《ひっそく》していた「台与の御子（あるいは末裔）」ではなかったか。そしてこれが、神武東征の真相ということになる。

つまり、崇神天皇とは、神武天皇と同一人物なのではなく、同時代人で、その正体は「ヤマトの吉備の王（ニギハヤヒか宇摩志麻治命）」であり、崇神天皇が南部九州から呼び寄せた神武天皇は、「南部九州で零落していた出雲の御子」ということになる。

そう考える理由は、三輪山に不可解な神が祀られているからである。

大神神社《おおみわじんじゃ》に拝殿があって社殿がないのは、神道の古い信仰の名残で、背後の三輪山そのものが御神体だからだ。ところが、三輪山山頂に祀られているのは、大物主神ではない。日向御子《ひむかのみこ》という聞き慣れない神なのである。

通説は、三輪山が太陽信仰とかかわりのあるところから、「日向」を「日に向かう」と捉えている。だが、それなら、なぜ「日向神」ではなく、余分な「御子」がつけられているのだろう。

「日向」は、単純に地名と捉えればよいのである。つまり「日向御子」は、「日向＝南部九州の忘れ去られた御子」のことを指していると考えられる。

ここに、行方不明になった神功皇后（台与）のその後と、ヤマト建国の真相が、明確になってくるのではあるまいか。

物部氏の祖・ニギハヤヒが、いち早くヤマトに舞い降り、国を建設しておきながら、なぜ南部九州からのこのことやってきた神武に、王権を禅譲する必要があったのか、その理由が明確になるのである。

ただし、この時誕生したヤマトの王は、「祟る出雲神を鎮めるための祭司王」であり、実権を伴っていなかったはずである。王権を譲り渡した「ヤマトの吉備＝物部」が、祭司王のもとで、実権を握っていただろう。事実、五世紀半ばにいたるまで、吉備の一帯には巨大な前方後円墳が造営されつづけられている。

五世紀後半に吉備の地域が埋没したあとも、物部氏は力強く生き続け、八世紀初頭まで、ヤマトを代表する大豪族として、君臨していたのである。

実権のない奇妙な王〝天皇〟を生んだカラクリ

三世紀後半に成立したヤマト朝廷。その誕生のプロセスは、あまりに複雑で多くの思惑が交錯

邪馬台国ではないかと騒がれた吉野ヶ里遺跡（佐賀県神埼市と同県吉野ヶ里町）

したものであった。

この時点で、ヤマトの王家（天皇家）は日本最高位の〝神道〟の祭祀者に位置づけられた。だがそのいっぽうで、政局運営を物部氏に委《ゆだ》ねざるをえなかったのである。

もしも神武《じんむ》の東遷《とうせん》が武力鎮圧であり、天皇家が征服者であったならば、彼らは当然のことながら、ヤマトの地に頑強な柵を設け、砦《とりで》を造ったであろう。ところが、防衛力という点に関して、天皇家はあまりに無頓着であった。宮は小屋に毛の生えたようなものであり、弥生《やよい》時代後期の吉野ケ里《よしのがり》の集落のほうが、よほど強固な守備力をもっていた。

なぜ、ヤマトの王に権力がなかったのだろう。そのいっぽうで、「天皇」を殺《あや》めれば、恐ろしい祟りに遭うと、信じられてきたのも、事実である。それは、ただ単にヤマトの王家が「神聖な存在」と考えられていたからだろうか。千数百年にわたって、日本人は、赤児のように弱い王に対し、祟る恐ろしい王という幻想を抱き続けてきたのである。この幻想の裏側には、何かしらの歴史的根拠がなければおかしい。

だが、神武天皇が、「祟る神を鎮めることのできる唯一の存在」だからこそヤマトに連れてこられ、しかも「祟る神の末裔」であったところに、天皇家の謎を解く鍵が隠されていたわけである。

ただここで、ひとつの疑念に突き当たる。それは、八世紀の朝廷が、なぜ王家が祟る理由を隠匿してしまったのか、なぜヤマトの王家成立の経過を、闇に葬ってしまったのか、ということである。

この謎を解く鍵を握っているのは、武内宿禰ではあるまいか。『古事記』が、武内宿禰の末裔が蘇我氏だったといっているからである。

もし私見どおり、武内宿禰がヤマト建国に活躍をしていたのだとすれば、八世紀の朝廷に、この事実を抹殺する動機は十分備わっていたはずだ。なにしろ、『日本書紀』編纂《へんさん》時の権力者といえば、藤原不比等《ふじわらのふひと》であり、この人物の父・中臣《なかとみの》（藤原）鎌足《かまたり》が蘇我本宗家を滅ぼしたことによって、「藤原」は台頭し、その後千年の繁栄を続けたのだ。当然、政敵「蘇我」を悪役に仕立て上げ、また「蘇我」の正統性を、否定してかかる必要があったのである。

事実、『日本書紀』は、武内宿禰と「蘇我」の系譜を、結びつけていない。その上で、『日本書紀』は「蘇我」を、徹底的に悪く書いている。

『日本書紀』の「蘇我」の悪口は、蘇我入鹿の専横だけではない。

『日本書紀』の証言に従えば、蘇我氏は物部氏を倒すことで、仏教を国内に広めようとしたという。このため、神道家や江戸時代の国学者たちは、蘇我氏こそが神道を衰弱させようとした極悪人であると捉えてきた。

ところが、蘇我氏が本気で物部氏に宗教戦争を挑んでいたのなら、説明のつかないことが出てくるのである。物部守屋《もののべのもりや》が仏教に対し迫害を加えていたことは『日本書紀』に詳述されているが、蘇我氏が神道を迫害し破壊活動に走ったなどという記録はどこを探しても出てこないのである。

蘇我氏が対物部戦に圧勝したのだから、このとき、神道は衰弱してもおかしくはなかったはずだ。ところが、こののち、神道と仏教は、うまく共存していく。また、蘇我氏が建立《こんりゅう》した元興寺の塔の下からは、仏教寺院であるにもかかわらず、神道的な祭具が見つかっているのである……。

このように、我々は蘇我氏について、何も知らないのである。もちろん、『日本書記』が、この一族の正体を抹殺し、本当の姿が歴史から消されてしまったためである。じつをいうと、蘇我氏の正体を明かさねば、神道の本質を知ることはできないのである。

そこでこの章の最後に、蘇我氏の実像を探っておきたい。

蘇我氏は出雲出身だった!!

一般的には、蘇我氏は百済《くだら》系渡来人の成り上がりと考えられてきた。これが定説のように思われがちだが、その根拠はきわめて曖昧《あいまい》なのである。『日本書紀』の示した蘇我氏の祖にあたる人物が、同時代人の百済から渡来した人物と名前がそっくりであることと、蘇我氏が渡来人の技術者集団をかかえて成長したということから、彼らを百済出身と考えざるをえない、というのが理由であった。

しかし、私見では、この一族を出雲出身であると考えている。

そもそも〝蘇我〟の名は、出雲王朝の始祖・スサノオの最初の宮である「須賀《すが》」からきている可能性が高い。〝U〟と〝O〟は音韻変化する例が多いが、〝スガ〟も〝ソガ〟も、もとは同じ須賀であったのではないか。蘇我は宗賀とも書き、これを〝スガ〟と読む例がある。

その証拠に、出雲大社の真裏にはスサノオを祀る神社があるが、これは〝素鵞社《そがのやしろ》〟と呼ばれている。また、『粟鹿《あわが》大明神《だいみょうじん》元記《もとつふみ》』に、スサノオの子供に、〝蘇我〟の名を冠する神が記されていることも興味深い事実だ。

出雲大社本殿真裏の素鵞社

七世紀の蘇我氏は、飛鳥の地で繁栄を誇ったが、飛鳥は出雲神の密集地帯だった。たとえば飛鳥の中心・飛鳥坐神社《あすかにますじんじゃ》には、出雲神・事代主神《ことしろぬしのかみ》（言代主神）が祀られている。飛鳥川の上流にも、出雲系の女神を祀る神社が鎮座する。
飛鳥（明日香）の地名は、「ア＋スカ」からなり、「スカ」は、湿地帯を表わすが、出雲の「スガ」に通じる。

飛鳥の西方に曽我《そが》遺跡があって、ここで蘇我氏は、ヒスイを独占的に加工していた。ヒスイは新潟県糸魚川市付近で採れる神宝だが、神功皇后もヒスイとかかわりをもっていたことは、注意を要する。

ヒスイは古代日本海の象徴であったが、蘇我氏の衰弱とともに、忘れ去られていくのである。『日本書紀』の神話の中で、出雲神を指して「邪《あ》しき鬼《もの》」と蔑んでいるのは、蘇我が出雲とかかわりをもっていたからであろう。

このように、「蘇我」は出雲とつながり、「蘇我」を日本海の、いっぽうの「物部」を瀬戸内海の利害を代弁する者と捉えれば、なぜ六世紀から七世紀にかけて、両者が対立したのか、その理由が分かってくるのである。

そして、「蘇我」の正体が明らかになってきたところで、いよいよ八世紀に生まれた「神道」の正体を、突き止めることができるのである。

第4章

神道は〝呪い〟を封じる宗教だった

八世紀の朝廷によって破壊され、すり替えられた神道

神秘に満ちた〝神道〟。言挙《ことあ》げしようとしない神職たち。いままで謎とされてきた神道の本質は、ようやくここにいたり、その全貌を見せはじめる。

日本人の信仰＝神道とは何かといえば、そもそも、日本人とは何か、という問いから始めなければならなかった。そして、渡来人と縄文人の融合によって、日本人が生まれたこと、日本人の信仰も、まさに渡来文化と土着の文化が習合して熟成されたものだったのである。

そして三世紀後半、ヤマトの纏向に国家の核が出来上がると、前方後円墳という埋葬文化の統一化によって、ゆるやかな連合国家が誕生したのである。「神道」の起源は、まさに、前方後円墳の誕生に求められたのである。

そして、ヤマト黎明期の主導権争いの結果、ヤマトの宗教観を造り上げた「物部」は、王位を「台与の末裔」に譲り渡した。「物部」は、名ではなく実を採ったのであり、また一方で、王家の

祭祀に深くかかわりをもつ一族となったのである。

かたやヤマトの王家は、実権を伴わない祭司王の立場に甘んじた。けれどもこの王家は、「弱い王だが、祟る王」として恐れられたのである。

ならば、三世紀から四世紀にかけて整えられたヤマトの祭祀形態は、そのまま今日までつづく「神道」として定着したのだろうか。

すでに触れたように、八世紀に成立した『日本書紀』の中で、ヤマト建国の真相は、闇に葬られ、「物部」や「蘇我」の正体も、抹殺されたのである。

したがって、「物部」や「蘇我」の祖によって固められたヤマトの信仰形態も、大きく変貌していた可能性が高いのである。

ならば、神道は、どのように変わってしまったのだろう。

そして、古い信仰形態は、そのまま消滅してしまったのだろうか。

持統の野望と奇妙な符合

第1章で述べたように、律令《りつりょう》制度の完成と〝神道〟の成立は不可分の関係にあった。そしてこのとき、持統《じとう》女帝の暗躍が大きな意味をもっていたのではないかと指摘しておいた。繰り返すようだが、『日本書紀』の成立によって、律令制度に則した新たな〝神道〟は生まれたが、この史書の編纂《へんさん》には、まさに持統の野望が隠されていたのである。

そのことを裏づけるのは、『日本書紀』編纂当時の政治状況である。

『日本書紀』の編纂の準備が始められたのが七世紀末、平城遷都《せんと》が七一〇年、『日本書紀』撰上《せんじょう》が七二〇年。この間、天武《てんむ》・持統・文武《もんむ》・元明《げんめい》・元正《げんしょう》という天皇が生まれた。この時代の顕著な動きは、天皇を中心とする中央集権国家の枠組みの構築であり、旧大豪族の没落であった。

蘇我・物部一族の凋落《ちょうらく》ぶりは目に余るものがあった。先述したように、元明天皇即位の儀式から物部はしめ出され、さらに、平城京遷都に際しては、一国の宰相である左大臣・石上《いそのかみの》（物部）麻呂《まろ》は、旧都藤原京の留守役として捨てられてゆくのである。

日本でも焚書が行なわれていた

『続日本紀《しょくにほんぎ》』「元明天皇慶雲《けいうん》四年（七〇七）七月」「和銅《わどう》元年（七〇八）正月」の条には興味深い記事が残されている。

「山沢《さんたく》に亡命《ぼうめい》し、軍器《ぐんき》を狭蔵《けふざう》して、百日《もも》首《か》さぬは、復罪《またつみ》ふこと初《はじめ》の如《ごと》くせよ」
「山沢《さんたく》に亡命《ぼうめい》し、禁書《きむしょ》を狭蔵《けふざう》して、百日《もも》首《か》さぬは、復罪《またつみな》ふこと初《はじめ》の如《ごと》くせよ」

これらの二つの記事は、それぞれ恩赦記事の直後に記されたものだ。武器を持ち、禁じられた書物を持って山に逃げた者たちが、百日たっても自首しない場合は、恩赦の限りではないというのである。

慶雲四年と和銅元年といえば、『日本書紀』が撰上される十年ほど前で、平城京遷都の直前の話だ。まさに、〝神道〟が誕生しようとしていたこのとき、朝廷のやり方に不満を抱き反発するかのように、武装して、朝廷から狙われている文書を守ろうとして山に逃げた人々が実在したのである。日本でも焚書《ふんしょ》が行なわれていたことを示している。

物部・蘇我氏の衰弱と歴史改竄《かいざん》。ここに変えられたのは歴史だけではない新旧、二つの〝神道〟という問題がここで浮上してくる。そして、神々のすり替え、神話の改変の根底には、権力の移動があったはずなのである。

もうひとつの問題は、王朝内部の権力争奪という史実が、歴史書のなかにまったく証拠を残していないということにある。我々の知らぬどこかで、日本という国が大転換し、宗教も大改革を迫られ、そのうえ、この大事件がもみ消されているという事実だけが残されているのである。

天香具山の歌が示す驚くべき秘密とは？

それでは、誰がこのようなだいそれた完全犯罪を成し遂げたのであろうか。それはやはり、あの〝道教狂い〟の持統女帝ではないか。

その根拠は、『万葉集』のなかにある。

このなかに、これまでどうしても解くことのできなかった持統女帝の謎の歌があるのだが、この歌のなかには、持統の目論《もくろ》んだ、王朝転覆へのおそるべき野望が秘められていたのである。

それは『万葉集』「巻一の二八番」である。

天皇の御製歌《おほみうた》
春過ぎて夏来《きた》るらし白栲《しろたへ》の衣《ころも》乾《ほ》したり天《あま》の香具山《かぐやま》

［大意］春が過ぎて夏がやってくるらしい。（青葉のなかに）真白な衣が乾してある。天の香具山は。（「日本古典文学大系」『萬葉集』岩波書店）

一見なんの問題もなさそうだが、この歌の奇怪さは、平易な言葉で書かれ、明確な現代語訳ができるにもかかわらず、なぜ『万葉集』編者がこの歌を取りあげたのか、その真意をつかみきれないことにある。

春が過ぎて夏がやってくるらしい。白い衣が天香具山《あまのかぐやま》に干されている――まるで小学生の作文であり、景色を即物的に描写したにすぎない。いわば駄作の部類に入る歌といえよう。

つまり、この歌が単純すぎることが、かえって疑惑を生むのである。なぜ『万葉集』の編者は、このような歌をわざわざ歌集に載せる必要があったのか――。『万葉集』がたんなる文学書ではなく、抹殺された真実の歴史を告白する書であることは、すでに多くの研究者によって検証されている。

共同研究者・梅澤恵美子も『額田王の謎』（ＰＨＰ文庫）のなかで、その点を指摘している。一見なんの変哲もない歌であればあるほど、その歌のどこかに歴史をひっくり返すような暗号が散りばめられていることが少なくないのである。

ヤマトの霊山に白い衣の謎

そういった視点から、さっそく、この持統女帝の歌を調べていこう。

ヤマトを代表する霊山・天香具山（奈良県桜井市と橿原市）

まず第一に、なぜ持統は天香具山を選んだのか。そして、なぜ天香具山に白い衣が干されていたのか……。

天香具山はヤマト朝廷の聖地であり、この場所に洗濯物が干してある風景は、夏の風物誌であるかのように思われがちだが、じつはたいへん異様な光景なのである。

天香具山は、いうまでもなく、大和三山のひとつだ。神武《じんむ》天皇は三山のうちの畝傍山《うねびやま》を選んで、その麓《ふもと》に宮を建てたが、崇拝すべき聖地として、天香具山を最も重視したようである。もちろん、のちの天皇家もこの伝統を守っている。

神武天皇がヤマトに入る直前、夢のなかに神が現われ、神託を下したという説話がある。

すなわち、天香具山の土をとって天平瓮《あまのひらか》（平らな土器の皿）をつくって天神地祇《てんじんちぎ》を敬い祀れば、敵は自ずから降伏するであろうというのである。神武はさっそく密使を走らせ、神託のとおりに行動した。

この説話の意味するところは何か。天香具山はヤマトの物実《ものざね》（象徴）と考えられていた。この山の土をとって祭祀を行なった者が、ヤマトの王になれると信じられていたのである。

それでは、この霊山に白い衣が干されていたというのは、どういう意味なのか。日本古来の伝統を無視するかのように、道教に狂った持統は、この歌にどういう秘密を込めていたのか。

埋もれた歴史の真実を伝える羽衣伝承

この歌に秘められた真実とはいったい何か……。

「羽衣《はごろも》伝承よ、きっと……」

この、共同研究者・梅澤恵美子のひらめきが、すべての謎を吹き払った。

羽衣伝承は、誰もが知る昔話だが、その起源は想像以上に古い。七一三年、元明《げんめい》天皇の命で編《へん》纂《さん》された官撰地誌『風土記《ふどき》』には、駿河《するが》国、近江《おうみ》国、丹後《たんご》国の三カ国の逸文に、この話が伝わっている。

その内容は、おおよそつぎのようなものだ。『丹後国風土記』逸文から抜粋する。

丹後の国丹波《たんば》の郡（現在の京都府京丹後市）に比治《ひじ》の里があった。この里を見おろす比治山の山頂に井戸があって、あるとき、ここに天女《てんにょ》八人が舞い降り、水浴びをしていた。たまたまある老夫婦がこの光景に出くわし、こっそりと近づいて、ひとりの天女の羽衣を奪ってしまった。やがて水浴びを終えた天女たちは衣を着て天に戻っていったが、衣を盗まれたひとりだけは、恥じて水から出ることもかなわず、とり残されてしまったのである。

老夫が天女に、

「私には子がいないので、とどまって子になってくれないか」

と問うと、天女は、

「私ひとりだけがとり残されてしまいました。もう衣を着ても、あとを追うこともかないません。こうなってはここに置いていただくほかはありますまい。お約束いたしましょう。ですから、どうか、もう衣をお返しください」

と応じたのである。

これを聞いた老夫は、天女が衣を着て、あざむいて天に飛んで帰ってしまうのではないかと疑ったが、天上界の人々は信をもって志とするという天女の言葉を信じ、衣を返したのである。

天女はこの老夫婦と十年余りの年月をともに暮らした。その間、彼女は万病に効く不思議な酒をつくり続け、老夫婦の家はしだいに豊かになっていく。

ところがある日、天女から受けた恩を仇《あだ》で返すように、老夫婦は天女を家から追い出してしまったのだ。

嘆き悲しむ天女であったが、久しく人間界にとどまったために、天に帰ることもできず、さりとてこの地上界に親しい人もいない。

しばらくさまよい歩いたのち、竹野《たかの》の郡（京都府京丹後市）の船木の里の奈具《なぐ》の村（栄町船木）に辿《たど》り着いた天女は、村人に、

「ここに来て、ようやくわが心はおだやかになりました」

と告げて、この村にとどまることにしたという。この天女が、豊宇賀能売命《とようかのめのみこと》だった、というのである。

能楽にも取りあげられ、あまりに有名になった天の羽衣伝説。だがこの話には、古代日本の消し去られた歴史をいまに伝える貴重な証言が含まれているのである。

謎の女神と八人の天女の意味するものは？

興味深いのは、天女が豊宇賀能売命であったことである。豊宇賀能売命は、豊受大神《とようけのおおかみ》のことで、丹後地方で祀られたあと、伊勢外宮《げくう》の祭神となった謎の女神である。豊受大神は皇室とかかわりがなく、『日本書紀』からも無視された神である。その神が、どうして朝廷最高の神社で主祭神として祀《まつ》られる必要があったのか、まったく分かっていない。

豊受大神は『古事記』には豊宇気毘売神《とようけびめのかみ》とあり、「受」「宇気」は、食物を表わしている。『日本書紀』に登場する豊穣の女神は、倉稲魂神《うかのみたま》と保食神《うけもちのかみ》で、どちらも「ウケ」の女神である。「トヨ」は豊穣をもたらす者の美称で、豊受大神は、ウケの女神であり、またトヨの女神である。

伊勢外宮の伝承によれば、雄略《ゆうりゃく》天皇（五世紀後半）の夢枕に天照大神が現われ、「独り身で寂しい」と訴え、豊受大神を連れてくるように神託を下したという。こうして豊受大神は、伊勢内《ない》宮《くう》の天照大神の食事を供する神として祀られるようになったという。

豊受大神が豊穣をもたらすと信じられていた理由は、この女神が「水」の女神でもあったからで、水がなければ豊穣は得られないのである。

豊受大神を祀る伊勢外宮（三重県伊勢市）

天の羽衣伝承の中でこの女神が最初「真名井」で沐浴していたとあるが、「マナイ」は「マヌナイ」で、「ヌ」は「瓊《ぬ》＝ヒスイ」を意味している。なぜ「井戸」と「ヒスイ」がからんでくるのかといえば、「ヒスイ」が川底や海底から湧いて出るように現われるからで（実際には、川の上流から流されてくるのだが）、海神がもたらす神宝が「珠」「瓊」「ヒスイ」なのは、このためである。

海幸山幸神話の主人公が、海神の娘・豊玉姫《とよたまひめ》で、「豊の女神」だったのも、同様の理由からである。

神功皇后が豊浦宮に拠点を設け、海神から如意珠《にょいだま》を貰い受け、各地の伝承の中で、「豊の女神」と接点をもっていたのは、神功皇后本人にも、「豊の女神」の要素が秘められていたからにほかならない。

また、豊受大神が祀られる伊勢外宮の同じ境内のすぐ裏手の高台に、多賀宮《たかのみや》があって、ここでは豊受大神の荒魂《あらみたま》・豊受大御神荒魂《とようけのおおかみのあらみたま》が祀られているが、荒魂は荒々しい神であり、豊受大神が、祟る神として恐れられていたことが分かる。

ではなぜ、持統天皇は、豊受大神の天の羽衣伝承を歌のなかに折り込んだのだろう。

豊受大神が暗示していたのは、七世紀の蘇我氏全盛期の王家ではなかったか。というのも、推古天皇や聖徳太子ら、蘇我系皇族の諡号《しごう》や名には、なぜか「豊」の一文字が冠せられていたからである。推古天皇は豊御食炊屋姫《とよみけかしきやひめ》、用明天皇は橘豊日天皇《たちばなのとよひのすめらみこと》といった具合だ。推古天皇の宮は、神功皇后と同じ豊浦宮と呼ばれていた。蘇我蝦夷《そがのえみし》（あるいは入鹿《いるか》）は豊浦大臣《とゆらのおおおみ》で、やはり「豊」なのである。

すでに触れたように、蘇我氏はヒスイを重視していたが、ヒスイはトヨの女神の神宝であり、蘇我氏の祖の武内宿禰《たけのうちのすくね》は、ヒスイと大いにかかわりをもった神功皇后に仕えていた。その神功皇后は、「トヨの女神」といくつも接点をもっていた。また、神功皇后は豊浦宮に拠点を持ち、武内宿禰を寵愛した。この図式、豊浦宮に住み、武内宿禰の末裔の蘇我馬子《そがのうまこ》を寵愛した推古天皇の姿にそっくりである。

蘇我系の王家と「トヨ」のつながりは、偶然ではないし、トヨの女神＝豊受大神の姿は、ヤマトに恨みをもって亡くなった神功皇后と重なってくる。ようするに、神功皇后を神格化して、豊受大神が生まれたのであろう。

　このように、豊受大神と蘇我氏全盛期の政権は、いくつもの接点を持っていたことが分かる。七世紀の蘇我系の王家は、「トヨの王家」と言い直すことができる。

　また、持統天皇の夫・天武《てんむ》天皇の和風諡号にも、「トヨ」の要素が隠されている。それが、天《あまの》渟《ぬ》中《な》原瀛《はらおきの》真《ま》人《ひとの》天皇《すめらみこと》で、この名の中の「渟中」の「ヌ」は、「瓊＝ヒスイ」にほかならない。また、後にふたたび触れるように、なぜか天武天皇は、蘇我氏と深い縁で結ばれていたのである。

　こうして豊受大神の正体と七世紀の蘇我系の王家の関係が分かったところで、先ほどの持統天皇の歌に戻れば、歌の意味がはっきりとする。

　いま、この白い衣＝羽衣を盗めば、トヨの王家は身動きがとれなくなる。春が過ぎて夏がくるように、動乱がおこり、天下は自分のものになる。チャンスがやってきたのだ――これが持統の不可解な歌の真意ではなかったか。これが梅澤の解釈だったのである。

　では、持統の目論んだ王朝乗っ取りの野望とはいかなるものであったのか。ここで不思議に思われる方も多いだろう。なにしろ、持統に対するこれまでの評価は、「天武王朝の継承者」であり、天武が目指し、完成することのできなかった宿願を、妻である持統が引き継いだと考えられてきたからだ。それは、『日本書紀』に明記されていたことでもあり、その記事の中に、女帝の野望などというものは微塵《みじん》も感じられなかったのである。しかも「トヨの王家」は蘇我系の政権であり、すでに七世紀半ばの乙巳《いっし》の変で滅びていたはずなのである。天武天皇と蘇我、トヨがどこでつながってくるというのだろう。

しかしそのいっぽうで、持統の周囲には不審な動きがあったことも確かなのである。たとえば、天武天皇が編纂《へんさん》を命じたとされる『日本書紀』のなかで、天武の前半生がまったく不明なこと、その年齢すら隠されてしまっていたことは、大きな謎とされている。

また持統は、天武の政策を否定するかのような行動をいくつも重ねている。親新羅《しらぎ》外交は天武朝の大きな特徴であったが、天武崩御《ほうぎょ》の直後から、持統は新羅を冷遇し始める。さらに、壬申《じんしん》の乱で天武天皇に真っ向から対立した藤原（中臣《なかとみ》）一族は天武朝ではまったく無視されるが、持統の時代に入ると、彼らは朝廷に復活しているのである。

もし持統が天武の遺志を引き継いだとするならば、こうしたことは、どれひとつとしてありえないことであり、持統の行為は裏切り、政変といっても過言ではなかった。

さて、神道の謎を追ううちに、次のことが分かってきた。まず、八世紀初頭の〝神道の成立〟に、道教狂いの持統が深くかかわっていた。さらに、持統とアマテラスの存在は重なっていた。しかも、持統自らが、自分の姿をアマテラスに重ねたというトリックの気配があることも分かった。そしてここで、その持統がじつは夫・天武を裏切っていたことに注目してみた。

この一連の動きと天香具山の歌を見くらべたとき、持統という女帝のもつ不気味さに気づくはずだ。いったい、この女帝は何を仕出かしたというのであろうか。

少なくともこれだけはいえるであろう。八世紀初頭の神道の完成に持統がからんでいたことは確かであり、だとすれば、この女帝が何かしらのかたちで歴史を大転換させるほどの政変にかかわっていた疑いが強まる。そして、夫・天武との間に交わされた暗闘が史書から故意に抹殺されているのだとすれば、天武と持統の間に横たわる断層こそが、神道の正体を探るうえで最も重要なヒントであったことになる。

天武天皇の崩御《ほうぎょ》、持統天皇の即位、そして『日本書紀』の編纂によって、新たな「神道」は完成した。さらにここで、大きな政策転換が断行されている。それが、東国に対する異常な警戒態勢なのである。

謀反《むほん》の勃発、天皇の崩御といった不測の事態に、朝廷は東国に向かう三つの関を閉じた。これを三関固守《さんげんこしゅ》という。三つの関の中の一つは不破関《ふわのせき》(関ヶ原)で、謀反人が東国に逃れようとするのを阻止するねらいがあったという。

それにしても、不可解でならないのは、西国に対し、同様な処置をとっていないこと、それまでのヤマトの政権は、東国と敵対していたわけではなかったことだ。なぜ八世紀以降、突然朝廷は、東国を特別扱いしていくのだろう。

ここで、天武天皇と東国の関係を振り返れば、興味深い事実に気づかされる。というのも、天武天皇が即位できたのは、壬申《じんしん》の乱に際し、東国の軍団の力を借りることができたからである。天武天皇と東国は、極めて良好な関係にあったのだ。その証拠に、天武天皇は信濃《しなの》(長野県)に都を造ろうとしたほどなのである。

それにもかかわらず、八世紀の朝廷が東国を恐れたのは、「天武に味方し、後押しをしていた東国」を意識していたとしか思えないのである。

やはり、持統天皇やこれに続く政権は、天武天皇の施政を否定してかかったとしか思えない。いったい、『日本書紀』編纂前後に、政権内で何が起きていたのだろう。

雄略天皇と東国の因縁

天武と持統の秘密を知るために、ここで少し遠回りをしておかなければならない。五世紀後半に登場した、雄略天皇の話である。

三世紀後半にヤマトの王家が誕生したが、この王家は、権力をもたない王であった。ところが五世紀になると、変化が起きる。ヤマト朝廷は、盛んに朝鮮半島に出兵し、北方の騎馬民族国家・高句麗《こうくり》の南下政策に、対抗した。こうしてヤマトの王家は、次第に東アジアで名を売っていったのだ。そして、祭司王の地位に甘んじていた王家は、「強い王」を目指し始めたようなのだ。その代表格が、雄略天皇である。

雄略天皇は、皇位継承候補ではなかった。ところが、兄の安康《あんこう》天皇が暗殺されると、有力皇族や大豪族を次々に打ち倒し、即位してしまったのである。

『日本書紀』は、ここで奇妙なことを言い出す。というのも、雄略天皇はひとりで物事を決め、誤って人を殺すことが多く、人々は「大《はなは》だ悪《あ》しくまします天皇《すめらみこと》なり」と語り合っていたというのである。

なぜ、天皇家の歴史を美化するために記された『日本書紀』の中で、「悪徳の天皇」が登場したのだろう。

そして、もうひとつ謎がある。雄略天皇は、強い王家を構築するためのいくつかの方策を用意している。八世紀に続く中央集権国家造りは、雄略天皇の手によって始められたといっても過言ではなかった。いわば雄略天皇は、天皇家にとって英雄であり、なぜ「悪徳の天皇」と記録され

貴重な鉄剣が発見された稲荷山古墳（埼玉県行田市）

なければならなかったのか、一層不可解なのである。

雄略天皇をめぐる謎は、もうひとつある。

雄略天皇は即位するために、当時最大の勢力を誇っていた葛城《かつらぎ》氏を滅ぼし、のちに、吉備の反乱を鎮圧するが、『日本書紀』によれば、即位後の雄略天皇は、数人の渡来系の役人を寵愛するのみだったという。

つまり、『日本書紀』を読む限り、雄略天皇が、どのような人々の支持を受けて即位できたのか、まったくわからない。味方のいない雄略天皇が、どうしてクーデターを成功させ、強い王家を目指すことができたのだろう。

ヒントは「東国」にある。稲荷山《いなりやま》古墳（埼玉県行田《ぎょうだ》市）から鉄剣が見つかり、そこには、雄略天皇の時代、東国とヤマトの王家が強く結び付いていたことが記されていたのである。

雄略天皇の背中を押したのも、東国だったのではあるまいか。

五世紀の朝鮮半島への出兵で、ヤマト朝廷は東国の軍事力をあてにしていた。弥生時代後期まで後進地帯だった東国は、ヤマト建国ののち新たな文物と移民が流れ込み、急速に発展していたのである。「発展」という言葉は適切ではないかもしれない。爆発的な成長である。

なにしろ五世紀後半の全国の巨大前方後円墳は、近畿地方と関東に集中しているからである。

雄略天皇の押し進めた中央集権国家は、既得権を振りかざす豪族との葛藤でもあった。大豪族といえば、吉備に代表される西国の人々である。彼らを押さえ込むには、新興勢力の東国のパワーを活用するほか、手はなかったのではあるまいか。

なにしろ東国の繁栄は、ヤマト建国によって転がり込んだのである。東国の人々にすれば、豊穣の神はヤマトの大王《おおきみ》であり、また、東国が独自の流通ルートを開拓しようと思ったなら、邪魔になるのは西国の大豪族たちである。つまり、雄略天皇と東国の利害は一致していたのである。

東国が押し進めた改革事業

じつをいうと、五世紀後半に始まった「強い王家」「中央集権国家の構築」は、東国の後押しを受けた王が継承していたのではないかと思える節がある。

雄略天皇の王統はすぐに途絶え、その後、武烈《ぶれつ》天皇の時代、再び王統は途切れている。六世紀初頭のことだ。このため、ヤマト朝廷は、越《こし》（北陸）の継体《けいたい》天皇を引っ張ってきたという。応神《おうじん》天皇五世の孫というから、ヤマトの王家とは縁が薄い。

通説は継体天皇の出現は、王朝交替ではないかと疑っているが、それよりも大きな問題は、継体天皇が、「三関の東側からやってきた王」だったということである。

つまり、雄略天皇の改革事業は、豪族層の反発によって一度頓挫し、王統の混乱に発展し、東国の後押しを受けた継体天皇が擁立されたというのが、本当のところではなかろうか。

しかも、継体天皇の崩御ののち、政権がかなり揺れ動いていたようだ。このことは、『日本書紀』の記事の混乱からも読み取れる。やはり、守旧派と改革派の相剋は、一朝一夕には解決しなかったのだろう。

この政情不安が収まった頃、忽然と現われたのが、聖徳太子である。

一般に、聖徳太子は律令制度の先鞭《せんべん》をつけた人物として知られている。そして、聖徳太子の遺志を潰しにかかったのが、七世紀の蘇我氏だったと信じられている。蘇我入鹿らは、既得権益を振りかざし、専横をくり返していたということになる。

だが、七世紀前半の改革事業は、むしろ蘇我氏が率先して行動していたのではないかとする考えが、次第に市民権を得るようになってきた。私見も、蘇我氏こそ、律令導入の旗振り役だったと考えている（詳細は、次巻『聖徳太子はだれに殺されたのか』）。

そこで、蘇我氏と東国の関係に注目すると、興味深い事実に突き当たる。

蘇我本宗家は、乙巳《いっし》の変の直前、身辺を東方儐従者《あづまのしとべ》に守らせていたという。これは東国の屈強の兵士であり、蘇我と東国のかすかな接点を見出せる。

蘇我入鹿の父・蝦夷《えみし》の別名は武蔵だが、「蝦夷」も「武蔵」も、どちらも東国とかかわりのある名である。

京葉線の終点に「蘇我駅」（千葉市中央区蘇我）があり、近くに蘇我比咩《そがひめ》神社が鎮座する。社伝によれば、ヤマトタケルに従い、嵐を鎮めるために弟橘媛《おとたちばなひめ》とともに、蘇我大臣の娘の比咩（姫）らが海中に身を投じ、蘇我の比咩がこの地に打ち上げられ、土地の人々の手で救われたという。また、応神天皇は、この地の国造に「蘇我」を任命したという。

この説話がどこまで史実に則っているのか、定かではない。けれども、千葉県には、確かに「蘇我」の痕跡が残されている。

千葉県印旛《いんば》郡栄町の、龍角寺《りゅうかくじ》古墳群には、一辺七八メートルという、終末期古墳最大級の巨大方墳が造営されている。同時代のヤマトの王家のものよりも規模が大きい（たとえば用明天皇陵は、一辺が約六〇メートル）。この時代、方墳を築くことができたのは、大王家、出雲国造家《いずもこくそうけ》と蘇我氏だけで、すぐ近くの龍角寺は、瓦が蘇我倉山田石川麻呂《そがのくらやまだいしかわのまろ》の菩提《ぼだい》を弔う山田寺系のものを使用しているから、この一帯が「蘇我」の一大拠点であったことは確かなのである。

このように、七世紀前半の改革事業の推進者「蘇我」も、やはり東国とは強く結び付いている。さらに、ここからが問題なのだが、持統天皇の夫・天武天皇は、「東」や「蘇我」と強く結ばれていたのである。

天武天皇と「東」や「蘇我」とのつながりは、なんといっても壬申《じんしん》の乱（六七二）で顕著な形となって現われる。

蘇我系豪族は、こぞって天武天皇のために一肌脱ぎ、勝利に貢献している。「蘇我」が天武に加担しなければ、天武は敗れていただろう。天武も「蘇我」を信頼していたようだ。乱を制すると、近江の大津京を捨て、「蘇我」の地盤である飛鳥に都を遷している。

東海の雄族・尾張氏は、東国に逃れた天武を真っ先に出迎え、軍資と行宮《あんぐう》を提供している。裸同然の天武が、近江朝廷を打ち破ることができたのは、尾張氏や東国の軍団が味方したからである。

天武天皇は即位したのち、皇族だけで政権を運営する皇親《こうしん》政治を展開し、圧倒的なパワーで、ブルドーザーのように、律令制度の導入に取りかかった人物である。とすれば、やはり、改革事業と東国は、切っても切れない関係にあったことが分かる。

そして大切なことは、「蘇我」も「天武」も、どちらも「ヒスイ」や「トヨの女神」と、何らかの形でつながっていたことである。

ここに、持統天皇の天香具山の歌が、重大な意味をもっていたことを、ようやく確信するにいたるのである。

持統天皇は、豊受大神の天の羽衣を奪うことによって、「蘇我系のトヨの王家」を、潰しにかかったことを、高らかに宣言していたのである。

仲の悪かった天智と天武の兄弟

だがなぜ、持統天皇は夫の王権を潰しにかかる必要があったのだろう。この複雑な事情を知るためには、天武天皇と、兄の天智《てんぢ》天皇の本当の関係を、解きあかしておかなければならない。

周知の通り、天智天皇（中大兄皇子《なかのおおえのみこ》）は、乙巳《いっし》の変《へん》で蘇我本宗家を滅亡に追い込んだ「反蘇我派」の皇族である。ところが弟の天武天皇は、これまで述べてきたように、なぜか「親蘇我派」だったのである。

『日本書紀』に従えば、天智・天武は、同父母から生まれた実の兄弟ということになる。では、なぜこの二人は、まったく相反する勢力と結びついていったのであろうか。

天智・天武兄弟が生まれたのは、ちょうど蘇我氏が飛鳥《あすか》の地で、天皇家を圧倒するかたちで全盛期を迎えていた頃であった。

中大兄皇子は、奈良・平安朝時代に全盛期を迎える藤原氏の祖・中臣《なかとみの》（藤原）鎌足《かまたり》とコンビを組み、天皇家をないがしろにし、国政を牛耳っていた蘇我本宗家を滅ぼすことで、天皇家を中心とする中央集権国家を目指していたと『日本書紀』はいう。

中大兄皇子の遠大な夢は、入鹿暗殺で実現に向かったかのように思えた。ところが、国内情勢が落ち着く間もなく、半島ではやっかいな事態が発生する。それまで唐《とう》の虎の威を借りて高句麗の南下を押さえていた百済《くだら》が、唐の消極的な半島介入に業をにやし、ついに高句麗に寝返り、唐と新羅《しらぎ》を敵にまわしたのである。

しかし、この百済の作戦転換は、完璧に裏目に出てしまった。唐が百済に対し敵意をあらわにしたからである。

唐がようやく重い腰をあげ大軍を半島に送り込み、百済に滅亡の危機が訪れると、中大兄皇子はこれを救援するために奔走しだした。

そして斉明《さいめい》天皇七年（六六一）、ついに中大兄皇子は百済遠征のため難波《なにわ》を出発、筑紫《つくし》に陣どり兵を集め、その二年後の天智二年（六六三）、日本軍は白村江《はくすきのえ》の戦いで、唐の大軍の前に大敗を喫することとなる。中大兄皇子の宿願、百済救済は、ここに無残な結果に終わったのである。

九州で敗戦処理を済ませた中大兄皇子は、近江《おうみ》に都を開き即位し、天智天皇となる。弟の天武（大海人皇子《おおあまのみこ》）を皇太子にするが、両者の関係はどうもうまくいっていなかったらしい。

酒宴で天武が長槍を床に突き刺し、兄・天智に抗議をし、中臣鎌足がこれをとりなしたという話も伝わっている。天武がこのとき何を言いたかったのか定かではないが、皇位継承をめぐって天智と天武の間にトラブルが絶えなかったのではないか、ともいわれている。

いっぽう天智は弟・天武を皇太子にしたものの、親心が募り、息子大友皇子《おおとものみこ》の即位を願っていたようだ。

天智・天武の微妙な関係が緊張の度合いを増やし、やがてこれが頂点に達したのは、天智が病床に伏し、天武が枕元に呼び出されたときであった。天智は、天武に皇位を譲ることを告げたが、兄の言葉の裏に策略があると見抜いた天武はこれを拒否、武器を捨て僧形《そうぎょう》となって吉野に隠棲するのである。天智はその直後に崩御《ほうぎょ》した。ここに、近江の大友皇子、吉野の天武は、一触即発の危機を迎えることになる。

大友皇子が立ち上がる前に先手を打ったのは天武のほうであった。持統やわずかな舎人《とねり》だけを従えて、東国へ逃《のが》れ、ここで反旗をひるがえしたのである。

大友皇子の近江軍は、東国主体の天武軍の前に惨敗、滅亡する。

こうして乱を制した天武は、都を飛鳥に戻し、新王朝を開くことになる。

天智が親百済であったことの重大な意味

以上が、天智と天武兄弟をめぐる一連の事件のあらましである。しかしこれだけでは、なぜ兄弟がこれほどの敵対関係になったのかはわからない。先述したように、天智・天武それぞれに加担した勢力を調べてみると、通説では説明できない明確な対立の構図が浮かび上がってくるのである。

天智天皇は、滅亡寸前の百済を救うことが日本にとって得策であるかどうかを考えず、無茶な遠征を決行した。この当時の国際情勢から見て、この判断は冷静さを欠いていたとしか思えず、なぜ天智がこれほどまでに百済に固執しなければならなかったのか、多くの謎を残すのである。

乙巳の変の直前、天智は、この当時朝廷を牛耳っていた蘇我本宗家を滅ぼすことに血まなこになっていた。この天智の行動は、天皇家を復興した英雄の武勇伝として評価されてきたが、天智を「親百済派の王族」と考えれば、本件の真相ははっきりとする。

七世紀前半の蘇我系政権の外交政策は、全方位型であった。

天智にすれば、このまま手をこまねいていれば、と考えたに違いない。とすれば、彼らに残された手段は、蘇我本宗家を滅亡に追い込むこと以外に手はなかったのである。

いわば、大化改新は百済救援のための布石にすぎなかったのである。

ではなぜ、天智天皇は、百済の復興のために全身全霊を注ぎ込んだのだろう。ヒントは、天智が手を組んだ中臣鎌足の正体に隠されている。この男、百済出身であった可能性が高い。

中臣鎌足は百済王・豊璋と同一人物？

そこで、中臣氏（藤原）の素性について、考えておかなくてはならない。

中臣氏はのちに藤原と姓を改め栄華を極めるが、それにしても、今日にまで続くこの日本最大の名門豪族には、謎が多い。

『日本書紀』の編纂《へんさん》には、鎌足の子・藤原不比等《ふじわらのふひと》が大いにかかわっていたとする説が有力になりつつある。だが、この文書のなかで、中臣氏は神話の世界に登場して以来、中臣鎌足の代になるまで、ほとんど活躍らしい活躍をしていない。このことから不比等には、鎌足以前の中臣氏の行動を歴史の表舞台には出せない、という思惑があったと考えられるのである。

歴史の勝者であるはずの藤原氏が、自らの出自を隠さねばならなかったとすれば、彼らが成り上がりか、あるいは純粋な〝日本人〟ではなかったかの、どちらかであったはずだ。

そこで藤原氏の歴史を調べてみると、百済との間に奇妙なほどの接点が存在することに気づくのである。

彼らの祖・中臣鎌足は、百済遠征を決行した天智の寵臣《ちょうしん》であった。壬申《じんしん》の乱ののち、百済系の遺民たちはほとんどが天武朝で無視されるが、鎌足のあとを継いだ不比等は、まるで百済遺民と運命をともにするかのように、いったん姿をくらまし、持統朝で百済遺民が復権するのと同時に、朝廷で活躍を始めたのである。やがて藤原氏の全盛期が到来し、都は平安京に遷るが、この藤原独裁政権といっても過言ではない王朝で、天皇に擁立《ようりつ》されたのは、天智系の光仁《こうにん》天皇と百済系の女人との間に生まれた桓武《かんむ》天皇であった。

こうしてみてくると、百済と藤原氏は、まるで目に見えぬ糸でつながっているかのようである。それはなぜかといえば、中臣鎌足が百済王・豊璋《ほうしょう》と同一人物だったからではないかと、筆者はにらんでいる。

なぜなら、百済王・豊璋が人質として来日していた時期と、中臣鎌足の活躍の時期がぴったりと重なること、白村江の戦いの直前、豊璋は本国に送り返されるが、このとき、天智は豊璋に織冠《しょくかん》をさずけており、鎌足も大織冠《たいしょくかん》を得ている。しかも豊璋の帰国後、白村江の戦いにいたるまで、天智の信頼が最も厚かった鎌足は、歴史からまったくその姿を消しているのだ。これは両者を同一人物とみなさないかぎり理解できないことなのである。

百済を救援するために無謀な遠征を行なった天智。しかも彼の寵臣・中臣鎌足の末裔・藤原氏は、百済と強くつながっていた。したがって中臣鎌足が百済王・豊璋であった可能性は高いのである。

その出自に秘密があった天武・天智の敵対関係

こうした例をみても、天智天皇が百済寄りの人物であったことは明らかであろう。それでは、この天智に反目した天武の場合はどうであろうか。

まず特筆すべきは、天武が天皇家の歴史上まれなかたちで新羅との外交を重視していることと、天武朝から百済系の役人が、ほとんど姿を消していることであろう。

朝鮮半島南部の百済と新羅は、常に対立し、百済は新羅と唐の連合軍に滅ぼされたのだから、百済にとって新羅は仇敵である。したがって、百済を採るか新羅を採るかは、ヤマト朝廷にとっても、重要な意味をもっていた。

『日本書紀』の蘇我入鹿暗殺場面で、唯一入鹿の死を嘆いた古人大兄皇子《ふるひとのおおえのみこ》は、館にもどり、「入鹿は韓人《からひと》に殺された」と叫び、『日本書紀』は、「韓人は韓政《からのまつりごと》のこと」と注を加えている。韓政とは、朝鮮半島をめぐる外交問題を意味していよう。

蘇我全盛期に行なわれた隋《ずい》との国交樹立の直後、蘇我馬子《そがのうまこ》は館に新羅の使者を招き、歓待している。この様子をみても、「蘇我」は、天智の示したような百済一極外交には固執していない。この点でも、天武と「蘇我」の利害、政策は一致している。

こうしてみてくると、天智と天武の関係が悪化したのは、むしろ当然のことのように思えてくる。

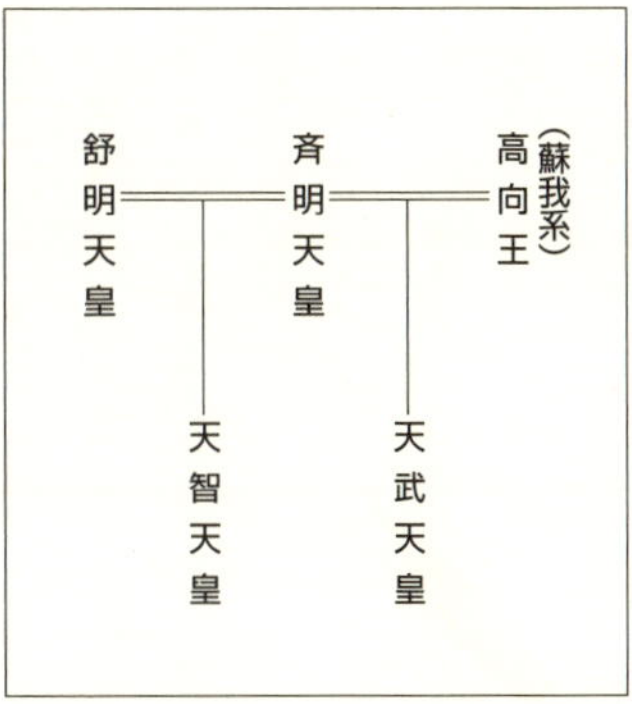

これは、単純な外交問題ではない。雄略天皇以来、日本を二分していた改革派と守旧派の相剋の延長であり、守旧派に推された天智が、失地を回復するために、百済と手を組んだということにほかならない。

天智＝中大兄皇子が守旧派だったというのは、これまでの常識とは異なる。だが、真相を逆転させ、「蘇我＝悪」「蘇我＝守旧派」と決め付けた『日本書紀』は、天智の忠臣・中臣鎌足の子の藤原不比等の強い影響力を受けて編纂された事実を見逃してはなるまい。

「蘇我」は、「東国と手を結び、改革事業を押し進める」という雄略天皇以来の伝統を継承したのである。そしてもちろん、「蘇我」の手法を潰したのが天智であり、これを復活させたのが、天武である。

さて、これでは、なぜ実の兄弟とされる二人が、敵と味方に分かれる必要があったのか、ということになるが、このあたりの事情は、ほかの拙著に詳しく述べてきたので、結論だけ記しておこう。

天武と天智は同じ斉明《さいめい》女帝の腹から生まれながら、それぞれ敵対する勢力に属する父をもっていたと考えられる。天智の父は舒明《じょめい》天皇だが、天武の父は蘇我系の高向王《たかむくのおおきみ》であった。ここに、斉明と天智・天武をめぐる悲劇は隠されていたのである。

こうして天武と天智の関係がわかったところで、話はいよいよ、天武・持統夫婦の謎へと移っていく……。

ついに持統女帝の
仮面を剥ぐ!!

持統が天武を裏切ったのはなぜか？

これまで、天武《てんむ》と持統はおしどり夫婦と思われてきた。『日本書紀』のなかで、歴史上類をみないほど、お互いを気づかっていたと記されていたからである。

それだけではない。持統は天武が夢見て果たせなかった事業をことごとく継承したとされている。

強力な中央集権国家の基礎となる律令《りつりょう》制度の整備、天皇家の正統性を述べるための正史編纂《へんさん》事業などである。

なるほど、たしかに持統は、これらの事業を鉄の意志でやり抜いた。しかし、ほんとうにこれが天武のためだったのかというと、かなりあやしいのである。

先述したように、持統は天武崩御《ほうぎょ》の直後から、一転して新羅《しらぎ》を無視し始める。この外交方針の百八十度の転換は、ひとりの女性の気まぐれとして放置しておくわけにはいかない。

さらに持統は、天武朝から無視されていた百済《くだら》系遺民を役人として朝廷に呼び戻し、とくに藤原不比等を寵愛している。『扶桑略記《ふそうりゃっき》』には、持統の即位は不比等の私邸で執り行なわれたとあり、両者の親密度はただごとではない。

持統の行動は、無血クーデターと称してもおかしくない。

それでは、なぜ持統は天武を裏切ったのであろうか。そして、なぜ『日本書紀』は、この持統の行為の真相を隠匿《いんとく》し、天武と持統の仲を強調したのであろうか。

ここで、ひとつの興味深い事実に気づかされる。すなわち、持統は天武の妻としての印象が強いが、同時に、天智《てんぢ》の娘でもあったことなのである。

さらに、天智と持統の行動パターンは、あまりに似すぎているということだ。

天智は中臣鎌足《なかとみのかまたり》をパートナーに選び、いっぽうの持統は鎌足の子・藤原不比等をブレーンにすえた。また、天智は新羅と敵対していた百済を救援したが、持統は、新羅を敵視している。天智は邪魔者をあらゆる手段を駆使して抹殺したが、持統も、新羅や東国と強いつながりをみせた大津皇子《おおつのみこ》を罠《わな》にはめて殺している。

こうしてみてくると、持統が夫・天武の遺志を引き継いだ、などとはけっしていえないことがわかってくる。それよりも、父・天智の怨念を晴らすかのように動いたと考えることができるのである。

神となった持統女帝のおそるべき陰謀

つまり、これまでの話をつないでいくと次のようになる。

雄略朝から始まった半島と日本を二分するラインの相克は、七世紀末の百済の滅亡と壬申《じんしん》の乱によって、改革派の天武の勝利となった。

一度は混乱が収まり、天武はあらためて歴史書の編纂の必要性に迫られたことであろう。ところが、この事業が持統に引き継がれたことによって、その目的は百八十度反転してしまったのだ。すなわち、持統は当初の目的とは逆に、この歴史書を、天智系の王家にとって都合のよいものにすり替えてしまったと考えられるのである。しかも、その編纂にたずさわったのが藤原不比等であったのだから、この文書の性格をあらためて述べる必要もあるまい。こうして二転三転した歴史ドラマは、ようやく終止符を打ったのである。こののち藤原氏は朝廷を独占し、政敵を次つぎに追い落としていく。この過程で物部《もののべ》氏が没落していったことは、すでに述べたところである。

政権を追われ、野に下った人々のなかには、武器をたずさえ、持統や不比等の目論む歴史改竄《かいざん》に反発するかたちで、禁じられた文書を守ろうとした者がいたことは間違いない。

そしてここに、ついに天皇家はあらためて〝誕生〟したのである。とすれば、八世紀初頭の〝神道成立〟の謎も、この歴史ドラマの筋書きに合わせていけば、解けてくるはずなのである。

持統の不可解ないくつかの行動を思い返してみよう。

持統は天武の死後、異常ともいえるほどの吉野通いを繰り返した。一説に、これは天武の生前を偲《しの》んだ行動だとされているが、これが誤解であることはあらためて述べるまでもない。むしろ天武の業績を否定する行為であったと考えたほうが辻褄が合ってくるのである。

吉野裕子が指摘するように、〝道教狂い〟の持統がここに通ったのは、明確な目的があったからだ。すなわち、それは吉野という神仙境への〝登仙《とうせん》〟を意味していたのである。それによって持統は自らが神になろうとしたのである。

持統は、飛鳥《あすか》の地で、天香具山《あまのかぐやま》に白い衣が干されていると詠《うた》った。これは天の羽衣伝承であり、衣を盗むチャンスが到来したことを告げていた。

持統が蘇我系天武政権の乗っ取りを企んでいたことは確かである。とすれば、持統が神になろうとした行為に、それまでの〝神道〟の否定・抹殺という、恐るべき陰謀が隠されていたはずである。

伊勢神宮と大嘗祭に残る
神道最大の秘密が明かされる

神々を殺し祀りあげてきた〝つくられた神道〟

『日本書紀』「持統五年（六九一）八月」の条には次のような記事がある。

「十八《とをあまりやつ》の氏《うぢ》大《おほ》三輪《みわ》、雀部《さざきべ》・石上《いそのかみ》（物部）・藤原《ふぢはら》・石川《いしかは》（蘇我）・巨勢《こせ》・膳部《かしはで》・春日《かすが》・上毛野《かみつけの》・大伴《おほとも》・紀伊《き》・平群《へぐり》・羽田《はた》・阿倍《あへ》・佐伯《さへき》・采女《うねめ》・穂積《ほづみ》・阿曇《あづみ》。に詔して、其の祖等《おやども》の墓記《おくつきのふみ》を上進《たてまつ》らしむ」

これは、古代有力豪族一八氏の先祖の墓記を召し上げたという簡潔な記事采である。しかし、この勅《みことのり》のタイミングと、ここにならべられた豪族のほとんどが旧政権を支えてきた者どもであることから、これがたんなる墓記の召し上げ記事ではないことに気づく。

これはまさに、各豪族に残された歴史を記した文書の没収であり、歴史改竄《かいざん》の布石であろう。

持統の妹・元明《げんめい》天皇の時代に、禁書を持って逃げた人々が実在したことを『続日本書紀』は明記している。

持統が天武《てんむ》の死を待っていたかのように、神になろうとし、歴史を改竄《かいざん》しようとしたことは、王朝交替の証拠といってよいであろう。王朝交替とともに焚書《ふんしょ》が行なわれ、新たな歴史書が編《あ》まれるのは世の常である。そしてここに、新たな神話が生み出され、真実の歴史は、神話の中に封印されてしまったのである。

また『日本書紀』によれば、病床に伏し死の病におかされた天武天皇は全権を持統に授けたとするが、その直後、新たな年号がつくられている。「朱鳥《あかみとり》」である。

一般的にこれは、天武の病気平癒を願ったものであったとされるが、朱鳥は不死の鳥であるとともに、蘇《よみがえ》りや、新たな王を天が任命するといった意味が含まれている。とすれば、この改元には、天武政権に対する持統の本心が隠されていたというべきであろう。

すべては、七世紀末から八世紀初頭、持統の権力への執着から、始まった。そして無血クーデターを成功させた時点で、〝神道〟そのものは内容がそっくりすり替えられたのだと考えられる。このとき、今日に続く天皇家を中心とする、つくられた〝神道〟が誕生したのである。

こうしてみてくれば、『日本書紀』によって皇祖神とされ、日本の太陽神とされた天照大神《あまてらすおおみかみ》なる存在が、じつはあやふやな偶像であり、ほんとうの天照大神は男性であったとする伝承のもつ意味が、いかに大きなものであったかが分かってくるであろう。

八世紀初頭に誕生した〝神道〟。それは、本来の神々を抹殺し、そのいっぽうで、消された神々の怨嗟《えんさ》をいかに鎮《しず》めるかに全精力をつぎ込んだものであった。

これまで神道に謎が多いと思われてきたのは、この神道最大の秘密に気づかなかったためだった。その証拠に、伊勢神宮と大嘗祭《だいじょうさい》に残された、これまでけっして解くことのできなかった神道最大の謎も、この秘密に照らし合わせれば、簡単に解き明かすことができるのである。

伊勢神宮の〝秘密〟は神道の〝抹殺〟？

そもそも、神道を代表する二つの祭祀形態である大嘗祭も伊勢神宮も、その正確な記録として残る最も古い例が持統朝に求められることは、あまりにも暗示的であった。

そこで最後に、いままで、どうしても解くことのできなかった伊勢神宮と大嘗祭の正体をはっきりとさせておかなくてはならない。

まず、伊勢神宮の建築様式の「唯一神明造り《ゆいいつしんめいづく》」が壬申《じんしん》の乱ののちに成立したものであることはほぼ定説になっているが、なぜこの時代に伊勢神宮が整備されたのか、上田正昭は『伊勢の大神』（筑摩書房）のなかで次のように述べている。

「（東アジアの）文明史的な高揚のなかで、日本は唐の律令制をとり入れ、古代国家としての体制をようやく整えた。（中略）こうした外来文明を大幅に受容するなかで、古くからの信仰を捨てたり軽んじたりしたのではなく、むしろ強化した。すなわち『古事記』『日本書紀』の編纂を通じて、日本神話を体系化することによって、国家の体制を整えるもう一つの手段としたのである。（中略）伊勢神宮の唯一の神明造りは、こうした国際世界にもひらかれた日本古代文明形成期の文化的な高揚のなかで、国家理念を象徴する最高の神社として造形化されたのであった」

このような上田正昭の考えが、伊勢神宮に対する大方の評価といえよう。神話の成立、伊勢神宮の整備は、中国文明の流入に対する日本の独自性の主張だったというのである。

しかし、このような通説は、〝神道〟の本質を根本的に見誤るものであろう。今日にいたる、天皇家の神道祭祀がこの時期に成立したのは、本来の神道を強化するためではなく、むしろ、ほんとうの神道を抹殺するものにほかならなかったからである。

たとえば伊勢神宮には、秘密が多すぎる。もしも神道を発展・強化させることを考えるならば、なぜこのように秘密を用意し、〝言挙《ことあ》げしない（秘密を公開しない）〟教義にしてしまったのか、説明のつくことではないはずだ。

とくに、このような伊勢神宮のなかでも最もわかりにくいのは、神宮の〝秘中の秘〟と称される「心《しん》の御柱《みはしら》」なのである。神宮の正殿中央床下に、にょきっと顔を出している。摩訶《まか》不思議な柱のことだ。

そこで、伊勢神宮の正体を探る近道として、神宮が最も重視する、この柱に注目してみたい。

「心の御柱」はなぜ秘中の秘なのか？

伊勢神宮の二十年に一度の遷宮《せんぐう》に際し、真っ先に、山からこの柱のための木材が伐《き》り出される。造営するときは、まず最初に「心の御柱」を立てるというから、よほど大事な柱なのであろう。さらに二十年後、宮がこわされ、隣に新たな宮が建てられたのちも、この柱だけは残され、小屋を建てて守られるのである。

それにしても、なぜ「心の御柱」は正殿の床の下に（まるで漬物のように？）隠されて祀られなければならなかったのであろうか。〝秘中の秘〟だからか？　では、なぜ秘中の秘にしなければならなかったのであろうか。

松前健は『日本の神々・六』（白水社）のなかで、この柱はもともと、古い伊勢地方のアマテル神を、地元の海人《あま》たちが斎女《いつきめ》を選んで祀らせていたものだったという。それを朝廷が、土着の神から皇室の神へと〝発展〟させるとき、土着の信仰を守るかたちにしたのだろうとしている。

しかし、この説明だけでは心の御柱を説明したことにはならないだろう。なぜ心の御柱が秘中の秘となったのか、はっきりしないからである。

伊勢・大嘗祭の神事にかかわる謎の童女

そこで注目されるのが、心の御柱祭祀にかかわる謎の〝童女〟なのである。

心の御柱を祀ることができるのは特殊な巫女《みこ》に限られていたが、それが「大物忌《おおものいみ》」という童女であったという。朝廷から斎宮《さいくう》に派遣された斎王《さいおう》も、ほかのいかなる位の高い神職でさえも、なぜかこの大事な心の御柱を祀ることはできないのである。

それだけではない。この「大物忌」なる童女は、心の御柱の祭祀のほかにも重要な地位にあった。遷宮などの伊勢神宮の根幹にかかわる祭りのとき、この「大物忌」がまず誰よりも先に儀式を行なったのである。

じつは、この謎の存在は「大物忌」にとどまらない。伊勢神宮が現在のかたちを整えたのと同時期に始められた大嘗祭にも、似たような童女がかかわっているのである。

大嘗祭は、天皇が即位した年にのみ行なわれる、日本最大の祭りとして知られる。この祭りには、伊勢神宮における「大物忌」に相当する童女「サカツコ(造酒童女)」がいる。

「サカツコ」とは、大嘗祭前半の重要な神事のなかで、ひとつの役目を負わされている。すべての行事が、この「サカツコ」の存在なくしては始まらないのである。これはまさしく、伊勢神宮の大物忌の活躍を彷彿《ほうふつ》とさせる。

それにしても、なぜ伊勢神宮と大嘗祭の、天皇家最大の秘事ともいうべき場面に共通して、得体の知れない〝童女〟が重要視されてきたのであろうか。

天皇家の太陽神は女性なのになぜ男性神を祀るのか?

先出の松前健は、伊勢神宮の「大物忌」が「心の御柱」とよく似ているのは、「心の御柱」が土着の信仰であったとき、これはリンガ＝男根を意味していたのであり、陽と陰の混合のためには、陽であるリンガに対して、陰の〝童女〟が不可欠であったからだと指摘している。

また同じように、この「大物忌」について、『大嘗祭』（弘文堂）の吉野裕子は次のように述べている。

「古くは伊勢神宮の祭神は蛇体の大祖先神で、天照大神はその神妻で大神を祀る最高の巫女であった。しかし時代が降るにつれて、祀るものから祀られるものに変身し、伊勢神宮の祭神となったのである」

つまり、伊勢大神の本質は〝陽〟であり、これに相対する存在として〝大物忌〟が重要視されたとし、大嘗祭の「サカツコ」も、これとまったく同様の原理にのっとっていると、吉野裕子は考えたのである。

ここで注目すべき点は、なんといっても伊勢・大嘗祭どちらにしても、本来的な神は〝陽＝男性〟の性格を帯び、〝蛇＝男根〟であったとする指摘にほかならない。もちろん、この説明以外では、とうてい謎の童女の意味は理解できない。

しかし、これまで天皇家が大嘗祭や伊勢神宮で祀ってきた最高の神が、この女性（陰）の太陽神・天照大神と考えられてきたことを思うとき、大きな謎を呼ぶのである。

祀る対象の陰と陽の逆転がなぜここで起きているのであろうか。松前健や吉野裕子が推測するように、これらの伊勢神宮・大嘗祭共通の謎を、土着の信仰をひき継いだためだと、説明するだけでよいのであろうか。ここには、もっと明確で政治的なカラクリが隠されているのではないだろうか。

問題は、伊勢神宮・大嘗祭どちらの祭祀においても、祭祀の中心部分を秘匿しようとしたことにある。

大嘗祭で祀られる最高神は〝秘中の秘〟として誰にも知られていないように、伊勢神宮の心の御柱も、神宮の最高機密であるばかりか、その祭神をわざわざ正殿の床の下に隠すようにして祀るという、念の入れようなのである。

本物の〝天照〟はやはり出雲神だった⁉

そこで大嘗祭に注目すると、興味深い事実に気づかされる。

大嘗祭のクライマックスでは、天皇が中央の寝台にましますす主祭神に食事を供え、次に天皇が神とともに食事をとるという儀式がある。この儀式の不可解さは二つある。

まず第一に、繰り返すようだが、天皇家最大の祭りであるにもかかわらず、中央の寝台の主祭神の正体が明らかにされていない。本来の天皇家の最高神である天照大神は別の場所で祀られているため、少なくとも、この寝台の神は天照大神ではないとされている。

第二に、天皇はこの神に食事を供しながら、自らも食すことにある。食事を供えるのは、天皇が祭主として神を祀る仕草であり、自らも食すことによって神の霊を継承し、天皇が神聖な存在になるのである。このような祭祀形態は、前方後円墳で行なわれていたものを踏襲しているのである。

ならば、天皇はどのような神の霊を引き継ぐのだろう。

この謎を解くヒントは、この主祭神が祀られる寝台の構造に隠されているように思われてならない。どういう理由からか定かではないが、寝台には八枚の畳が重ねられてある（八重畳《やえだたみ》）。この「八」という数字がひっかかる。

「八」は『日本書紀』の神話に多くみられる聖数だが、とくに出雲神話のなかに顕著に登場することを忘れてはならない。

八岐大蛇《やまたのおろち》、八重言代主《やえことしろぬし》、八重垣、八坂、八雲《やくも》、八千矛《やちほこ》、八十神《やそがみ》、八塩折《やしおおり》、などなど……。出雲神話の〝八〟の重視は異常といってもいいほどだ。

出雲の「八」と大嘗祭主祭神のまします寝台に秘められた「八」という数字の共通性は、あらためてひとつの疑惑を生む。

この主祭神こそ、天皇家の天照大神ではなく、出雲の神だったのではないか、ということなのである。

数字が重なるという理由だけで、これまで千数百年もの間謎とされてきた祭神を特定してしまってよいのか、という疑問が当然出てくるだろう。たしかにそのとおりかもしれない。しかし、伊勢神宮の「心の御柱」と大嘗祭とを見くらべてみると、やはりそこには出雲神の姿が見え隠れしてくるのである。

伊勢・大嘗祭で祀られているのはニギハヤヒだった!!

驚くべきことに、伊勢神宮においても、童女「大物忌」が心の御柱に向かって食事を供し、これを大物忌も食するという儀式があり、またこれとは別に奇妙な風習があったとされている。

それは、柱のまわりに「天平瓮《あめのひらか》」が〝八〟百枚積み上げられていたというのである。

ここでもやはり数字の「八」が登場するが、それよりも興味を引くのは「天平瓮」である。

思い出していただきたい。

神武《じんむ》天皇は熊野からヤマトに向かう途中、霊夢を見た。天香具山《あまのかぐやま》の土をとって、〝天平瓮〟〝八十枚〟と厳瓮《いつへ》をつくって天神地祇《てんじんちぎ》を敬《うやま》い祀れば、賊は自ら平伏しよう、という神のお告げである。そこで神武は〝密か〟に人を差し向け、この夢のお告げを実行した。

そしてさらに、厳瓮で神に供した神饌《しんせん》を〝自らも食し〟たのち、兵を出すと、賊は面白いように破ることができたという。

天皇はこのとき、神の加護を受けることで、絶対に負けることのない身になったことを確信したというのである。

これは、伊勢神宮と大嘗祭の祭祀とそっくりではないか。

問題は、神武が誰を祀っていたのか、ということである。私見が正しければ、神武は三輪《みわ》の大《おお》物主神《ものぬしのかみ》の祟りを鎮めるためにヤマトに連れてこられたのである。

とすれば、伊勢神宮の正殿の床下で〝密か〟に祀られていた心の御柱や、大嘗祭の得体の知れぬ主祭神の正体は、やはり出雲神・大物主神であった可能性はいよいよ高まるのである。

ところで、大嘗祭には天皇家以外の豪族がわずかながらかかわってくるが、そのなかでも物部氏の占める位置は特殊であった。

祭祀前半の段階で「サカツコ」の活躍が顕著であることはすでに触れたが、物部氏はこの童女の次の位置に置かれていたのである。

このような扱いはほかのいかなる氏族にもありえないことであり、物部氏の果たす役割の大きさにあらためて気づかされる。

吉野裕子は、『大嘗祭』のなかで、つぎのように述べている。

「物部氏の祭祀そのものが天皇家によって踏襲されたことも考えられる。この場合も祖神の蛇の呪文を担うものとしての物部氏に対する記憶は、そのまま祭祀における物部氏の重用につながるのである」

この貴重な証言も、古代史に占める物部氏の重大性に気づいたとき、もう少し違った方向へと推理を進めていかなければならないだろう。

たしかに、天皇家は物部氏の祭祀を踏襲したかもしれない。

しかしそれは、物部氏に対する記憶がそうさせたのではなく、そこにはヤマト建国時の複雑ないきさつが隠されていたはずである。

物部氏の祖・ニギハヤヒはヤマトの王であった。だが、出雲の神功皇后（トヨ）を裏切ったことで、出雲神・大物主神の激しい祟りに苦しめられ、王権を譲り渡さざるを得なくなったのである。

九州から連れて来られた神武天皇は、大物主神の祟りを抑えることのできる唯一の人物であった。そして、大王家の祭祀には、ヤマトの基礎を築いた吉備＝物部の様式が取り入れられていったのだろう。当然、旧王家の末裔・物部氏は、祭祀にかかわりをもっていくことを許されたに違いない。物部氏がもっとも恐れた神は、出雲神大物主神であり、彼らも必死になって、祭祀に参画したのだろう。

思えば伊勢神宮・大嘗祭それぞれの謎の童女、サカツコと大物忌の名は、きわめて暗示的なものであった。

「うまさけ」が三輪の枕詞《まくらことば》であったように三輪と酒は古来より強いつながりをもっていた。「造酒童女《サカツコ》」が「造酒」であったことは意味のないことではあるまい。そして、三輪の祭神が「大物主神」であり、「大物忌」の名の由来が三輪にあったことを連想させるに十分である。彼女らが、そもそも大物主神を祀る三輪の巫女《みこ》の流れをくんでいたことは間違いあるまい。

さらに明かされる
謎、謎、謎……

いま明かされる豊受大神の謎

ここでふたたび、持統《じとう》天皇の御製歌に話をもどそう。

持統は、天武《てんむ》天皇が築いた蘇我系改革政権を転覆しようという野望をもっていた。そして、天香具山《あまのかぐやま》の歌にあるように、〝天の羽衣〟を奪おうとしていたのである。

天の羽衣の本来の持ち主は、豊受大神《とようけのおおかみ》であった。この神ははじめ丹後《たんご》に祀られ、いつの頃からか伊勢に連れてこられ、伊勢外宮《げくう》の主祭神となったのである。

ただし、これまで豊受大神が、なぜ伊勢神宮に祀られたのか、誰にも何も分からなかったのである。

そもそも、「独り身で寂しい」と訴える女神・天照大神のために、なぜ男神ではなく、女神を連れてこなければならなかったのか、大きな矛盾が隠されていたのだ。伊勢外宮の伝承には、暗示が込められていたと、もっと早く気づくべきだったのである。

祀られる太陽神の正体は？　伊勢内宮（三重県伊勢市）

豊受大神は、内宮の本当の神・男神の太陽神を祀るために、伊勢にやってきたのだろう。もし私見通り、ヤマトの王家が祀っていた神が、『日本書紀』のいうような女神・天照大神ではなく、出雲神・大物主神であるとすれば、伊勢内宮の祭神の正体も、自ずから明らかになる。もちろん、それは、大物主神である。

ならば、大物主神とは何者なのか、ということになる。

豊受大神（神功皇后）は、元来太陽神を祀る巫女であり、祀る神は、出雲の男性の太陽神ということになろう。

また、こういうことも考えられる。伊勢の太陽神と豊受大神はパートナーなのだから、神功皇后の夫が、伊勢に祀られていた可能性もある。『日本書紀』

に従えば、それは仲哀天皇だが、住吉大社の伝承によれば、仲哀天皇の亡くなられた晩、住吉大神と神功皇后は、夫婦の密事をしたという。となれば、住吉大神も、候補に挙がる。

天孫降臨神話の段で、サルタヒコは住吉大神＝塩土老翁とそっくりな活躍をしていたが、サルタヒコは出雲の佐太《さだ》神社の祭神・佐太大神と同一ではないか、とする説がある。サルタヒコは、鼻が長く、「鼻＝男根＝陽」で、眼がぎらぎらと輝いていたという話から、太陽神の性格を帯びていたことが分かる。天孫降臨ののちサルタヒコは、なぜか伊勢に向かっているのだから、この神も、有力な候補といっていい。

大物主神の「大きな物」とは、「男性自身」の隠語ではあるまいか。サルタヒコもやはり、「大きな物（鼻＝男根）」の持ち主である。

下ネタで終わりたくないのだが、私見は、大物主神の正体は、このサルタヒコではないかと、密かに勘繰っているのである。

豊受大神から奪った羽衣によって天皇は神となる

それでは、持統の盗んだ天の羽衣はいったいどこへ行ってしまったのであろうか。

大嘗祭のクライマックスの直前、天皇は沐浴《もくよく》をして身を清め、ここからいよいよ俗世間から離脱し、聖域に入っていく。

このとき、大事な沐浴に際し、ちょっとした小道具が現われる。それが天の羽衣と呼ばれているのだ。

入浴に際し、湯帷子《ゆかたびら》などを身にまとうのは古くからの風習であったが、大嘗祭《だいじょうさい》で用いられる衣をいつ頃から天の羽衣と呼ぶようになったのかは分かっていない。始めからそうだったのか、あるいは後世名づけられたのか、定かではない。

しかし、もしこれが後世に名づけられたものであったとしても、豊受大神の天の羽衣伝承と、持統の天香具山の歌がつながっていることを知っていた誰かが名づけ親となった可能性は高いはずだ。

また、もしも持統が大嘗祭を完成させるに際し、豊受大神から奪った天の羽衣を、即位した天皇に着せることで神聖な存在とすることにしたとすれば、できすぎた話ながら、大嘗祭の本質を知ることができよう。

沐浴に際し、豊受大神は天の羽衣を脱ぎ不覚をとり、天皇は羽衣を着込むことで、神となる。この差はあたかも持統の執念深さと用心深さの両方を表わしているようでもあり、つくられた

〝神道〟の姑息さを思わず暴露しているようで、じつに感慨深い。

伊勢神宮と大嘗祭の祭祀形態がきわめて似かよっているとされることからも、大嘗祭の「天の羽衣」が、伊勢外宮の祭神を意識しての命名であったことは間違いないであろう。

こうして、神道に隠された秘密をおおよそ解明することができたと思う。

八世紀の朝廷が何かを隠し、何かを密かに祀り続けてきたことは確かであり、それが三世紀後半から祀られはじめた本来の太陽神だったのである。

神道の本質、それは、我々の先祖たちが織りなした人間活劇、政治劇から絞り出された歴史の苦悩といえるのではあるまいか。

おわりに

ひとつ言い忘れていた。

出雲神と縄文人の関係についてである。

『日本書紀』神話のなかで、出雲の神々は、「国津神《くにつかみ》」と呼ばれ、「邪《あ》しき鬼《もの》」と蔑まれた。そして出雲神の身体的特徴を指して、古モンゴロイドを連想させる「八束鬚《やつかひげ》」と呼んでいた。このことから、筆者は、出雲神は縄文人的な要素に満ちている、と推理してみた。

だが、彼らが純粋な縄文人といっているのではない。『日本書紀』の記事には、深い理由があったと考えている。

八世紀の朝廷は、「東国」のパワーを活用して改革事業を押し進めた雄略天皇以来の政権を、潰してしまったのである。だからこそ、この後三関固守《さんげんこしゅ》を行い、東国を警戒し、『日本書紀』の中で、「東国」を野蛮で凶暴な人々が盤踞《ばんきょ》する地域と罵ったのである。そのうえで、「東国」の活躍、貢献を、ことごとく抹殺してしまった。壬申《じんしん》の乱の尾張《おわり》氏の活躍が、『日本書紀』からきれいに抹殺されていたのは、このためだ。

さらに『日本書紀』編者は、神話を創作するにあたり、持統天皇を天照大神になぞらえ、天津神の末裔＝天皇家という設定を用意した。そのうえで、本来は王家の祖神であった出雲神に「東国的な要素」を結び付け、邪悪な存在とみなしたのである。

これは、東国の後押しを受けて繁栄を誇った「トヨの王家」の否定であり、また、こののち反目していく東国を支配するための、正当性を謳い上げることが目的であっただろう。

ようするに、神話に登場する「出雲」とは、ヤマト誕生と発展の歴史を改竄《かいざん》するために用意された目眩ましであるとともに、東国の本来の活躍を抹殺するために用意されたカラクリでもあったわけである。

なお、今回の加筆にあたっては、牧野出版代表取締役の佐久間憲一氏、編集長の小田部信英氏、編集に尽力いただいた緑慎也氏、梅澤恵美子氏に御世話になりました。改めてお礼申し上げます。

合掌

平成二十年八月

〔参考文献〕

『古事記　祝詞』「日本古典文学大系」（岩波書店）
『日本書紀』「日本古典文学大系」（岩波書店）
『萬葉集』「日本古典文学大系」（岩波書店）
『魏志倭人伝』石原道博編訳（岩波書店）
『先代舊事本紀訓注』大野七三（新人物往来社）
『額田王の謎』梅澤恵美子（ＰＨＰ文庫）
『日本人の「あの世」観』梅原猛（中央公論社）
『三輪流神道の研究』大神神社史料編修委員会編（大神神社社務所）

『「日本書紀」の暗号』林青梧（講談社）
『実在した幻の三角形』大谷幸市（大和書房）
『巨大古墳の聖定』渋谷茂一（六興出版）
『大和の原像』小川光三（大和書房）
『神社と祭祀』田中卓（図書刊行会）
『日本の中の朝鮮文化』金達寿（講談社）
『伊勢の大神』上田正昭（筑摩書房）
『大嘗祭』吉野裕子（弘文堂）
『道教と古代の天皇制』福永光司・上田正昭・上山春平（徳間書店）
『古代日本正史』原田常治（同志社）
『神道とはなにか』安蘇谷正彦（ぺりかん社）
『神道世界の構造』平野孝國（ぺりかん社）
『道教と日本の宮都』高橋徹（人文書院）
『伊勢神宮の祖型と展開』櫻井勝之進（国書刊行会）
『古代日本人と自然観』舟橋豊（審美社）

『白鳥伝説』谷川健一（集英社）
『日本の神々』谷川健一編（白水社）
『歴史読本』「伊勢神宮　遷宮の謎」（一九九三年三月号・新人物往来社）
『歴史読本』「天皇即位　謎の大嘗祭」（一九九〇年九月号・新人物往来社）

この作品は、平成七年十一月に日本文芸社より
刊行された『古代神道と天皇家の謎』を底本に、
大幅に加筆修正を行なった再編集版です。

●著者略歴

関裕二　せき・ゆうじ

1959年千葉県柏市生まれ。歴史作家。若年より仏教美術に魅せられ、足繁く奈良に通い、古代史研究を深める。大胆な推理と鋭い洞察に満ちた書籍を数多く発表している。

●著書

『古代史謎解き紀行Ⅰ ヤマト編』
『古代史謎解き紀行Ⅱ 出雲編』
『古代史謎解き紀行Ⅲ 九州邪馬台国編』
『古代史謎解き紀行Ⅳ 瀬戸内編』
『古代史謎解き紀行Ⅴ 関東・東京編』（以上、ポプラ社）
『海峡を往還する神々 解き明かされた天皇家のルーツ』
『図解誰も教えてくれなかった「古代史」の真実』
『おとぎ話に隠された日本のはじまり』（以上、ＰＨＰ研究所）
『聖徳太子の秘密「聖者伝説」に隠された実像に迫る』（PHP文庫）
『古代史の主役たち知れば知るほど』
『日本書紀　塗り替えられた古代史の謎』（以上、実業之日本社）
『「天皇家」誕生の謎』（講談社）など多数

古代神道《こだいしんとう》と天皇家《てんのうけ》の謎《なぞ》 関裕二＜古代史の謎＞コレクション②

2008年8月7日　第１刷発行

著者●関裕二
発行者●坂井宏先
編集●株式会社牧野出版

発行所●株式会社ポプラ社　〒160-8565　東京都新宿区大京町22-1
電話●03-3357-2212（営業）
03-3357-2305（編集）
0120-666-553（お客様相談室）
ファックス●03-3359-2359（ご注文）
振替●00140-3-149271

一般書編集局ホームページ● http://www.poplarbeech.com

印刷・製本●図書印刷株式会社

N.D.C.210/224p/19cm
ISBN978-4-591-10454-5